CARLO GUASTALLA
CIRO MASSIMO NADDEO

domani

guida per l'insegnante

CORSO DI LINGUA
E CULTURA ITALIANA

2

redazione: **Euridice Orlandino** e **Chiara Sandri**

progetto grafico e impaginazione: **Lucia Cesarone** e **Merodesign**
progetto copertina: **Lucia Cesarone** e **Sergio Segoloni**
illustrazioni: **Luca Usai**
fumetto: **Giampiero Wallnofer**

stampa e confezione: **Stiav S.r.l.** – Calenzano (Fi)

© 2011 **Alma Edizioni**
Printed in Italy
ISBN 978-88-6182-152-1

Alma Edizioni
viale dei Cadorna, 44
50129 Firenze
tel +39 055 476644
fax +39 055 473531
alma@almaedizioni.it
www.almaedizioni.it

indice

Cos'è Domani?

Domani è un corso di lingua e cultura italiana rivolto a studenti stranieri, adulti e adolescenti, che apprendono l'italiano come lingua straniera o lingua seconda.

Rappresenta la sintesi compiuta della visione didattica che ha caratterizzato fino ad oggi Alma Edizioni. Si propone infatti come il punto d'arrivo di anni di produzione editoriale, sperimentazione e ricerca. In questo senso, vuole essere un'opera che non solo raccoglie la sfida lanciata dal *Quadro comune europeo di riferimento per le lingue*, ma – recependone le indicazioni – mira ad andare oltre attraverso caratteristiche proprie, nuove e forti.

Domani si caratterizza per un forte **taglio culturale**, ponendo l'accento sulle modalità espressive, relazionali, sociali dell'essere italiani nonché sulle tendenze, le idee, gli stili di vita emergenti al di là di stereotipi, banalizzazioni e semplificazioni.

A questo scopo sono state individuate cinque grandi aree tematiche (Geografia, Arti, Società e Storia, con l'aggiunta di Lingua per l'ultimo volume) che fanno da sfondo ai percorsi di studio e che di volta in volta caratterizzano culturalmente i **moduli** in cui è organizzato il libro.

A loro volta i moduli sono divisi in agili **unità** (due o tre per ogni modulo) che propongono un percorso di apprendimento che mette in grado lo studente di sviluppare le diverse competenze in modo efficace e adeguato ai bisogni comunicativi reali.

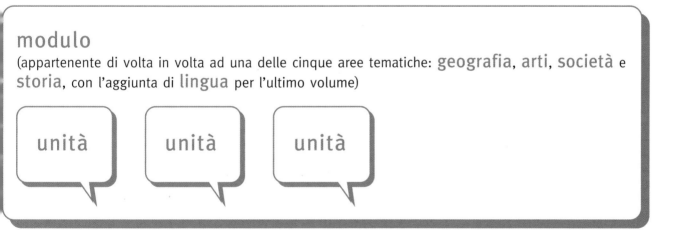

modulo
(appartenente di volta in volta ad una delle cinque aree tematiche: geografia, arti, società e storia, con l'aggiunta di lingua per l'ultimo volume)

unità   unità   unità

Fondato su solide basi teoriche e al tempo stesso agile e maneggevole, **Domani** immerge lo studente in una dimensione attiva e vitale, fatta di input coinvolgenti ed attività creative.

Il corso privilegia l'utilizzo del gioco come fonte di motivazione e coinvolgimento affettivo ed emotivo, e propone un approccio globale alla lingua, centrato su una testualità che, oltre agli aspetti morfosintattici, affronta anche quelli pragmatici, conversazionali, lessicali e socioculturali.

È particolarmente indicato per chi desideri studiare l'italiano per motivazione culturale o esigenze professionali, e abbia una forte richiesta di contenuti pratico-comunicativi. I tre volumi del corso coprono i primi tre livelli del *Quadro comune europeo di riferimento per le lingue*:

▸ Domani 1 (A1)
▸ Domani 2 (A2)
▸ Domani 3 (B1)

Domani 2

Domani 2 è la logica prosecuzione di Domani 1 e permette di sviluppare una competenza di livello A2, secondo le indicazioni del *Quadro comune europeo di riferimento per le lingue*. È composto da:

un **libro dello studente** con:
- ▸ 1 unità introduttiva
- ▸ 6 moduli (divisi in 16 unità)
- ▸ la fonetica
- ▸ una sezione di esercizi
- ▸ i test
- ▸ i bilanci
- ▸ una storia a fumetti
- ▸ la grammatica

un **DVD rom** con:
- ▸ i brani audio per l'autoapprendimento
- ▸ un cortometraggio con attività didattiche
- ▸ il radiodramma della storia a fumetti
- ▸ i brani musicali (e un karaoke)
- ▸ i glossari
- ▸ le chiavi degli esercizi

un **CD audio** con:
- ▸ i brani audio per le attività di classe
- ▸ i brani musicali

una **guida per l'insegnante** con:
- ▸ le indicazioni metodologiche
- ▸ le istruzioni per svolgere le lezioni
- ▸ le chiavi delle attività
- ▸ le trascrizioni dei brani audio delle unità

Domani 2 offre materiale didattico per circa **70-90 ore** di lezione, a cui vanno aggiunti gli esercizi e i test per il lavoro a casa e le numerose altre attività svolgibili anche tramite il DVD rom (il cortometraggio, la storia a fumetti, la canzone, ecc.). La struttura è flessibile e modellabile in funzione delle diverse esigenze della classe.

Il libro dello studente

▸ I moduli

Domani 2 presenta 16 unità (pp. 15-138) organizzate in **6 moduli** culturalmente connotati e classificati in base alle differenti aree tematiche: modulo 1 | **geografia**, modulo 2 | **storia**, modulo 3 | **arti**, modulo 4 | **società**, modulo 5 | **geografia**, modulo 6 | **arti**.

Il modulo funge da vero e proprio "sfondo culturale": pur non intendendo esaurire il tema proposto e lasciando aperti eventuali, ulteriori percorsi di approfondimento, fornisce input e spunti per la riflessione su stili di vita e tendenze emergenti nell'Italia contemporanea. Il modulo si apre con un indice chiaro e sintetico degli elementi morfosintattici e comunicativi presentati nelle (2 o 3) unità che lo compongono.

▸ Le unità didattiche

Le 16 unità didattiche di Domani 2 sono precedute da un'unità introduttiva (la 0, pp. 9-14), di riepilogo del volume precedente. Ogni unità, costruita intorno al tema culturale che caratterizza il modulo in cui essa è inserita, propone un percorso di apprendimento che mira a sviluppare nello studente le diverse competenze in modo adeguato ai bisogni comunicativi reali.

La **pagina di apertura** dell'unità presenta un'immagine evocativa del tema trattato, uno specchietto chiaro e sintetico delle strutture grammaticali e degli elementi comunicativi affrontati e **un'attività introduttiva** basata su stimoli visivi, mirata ad attivare le conoscenze pregresse dello studente.

Per lo sviluppo delle quattro abilità (ascoltare, leggere, scrivere, parlare) sono presenti in ciascuna unità: **ascolti** (sempre relativi a contesti reali, non pretestuosi) accompagnati da attività di comprensione e analisi originali e stimolanti (particolare enfasi è data all'analisi conversazionale e pragmatica); **letture** appartenenti a vari generi testuali, seguite da percorsi di comprensione motivanti e da attività di analisi lessicale e/o grammaticale; attività di **produzione scritta** mirate all'inserimento attivo e consapevole dello studente all'interno del contesto di studio (sia in Italia che all'estero); spunti per la **produzione orale** che permettono allo studente di esprimersi in italiano in un'ampia varietà di contesti socioculturali.

Il percorso analitico proposto all'interno di ciascuna unità è sempre di tipo induttivo e mira a portare lo studente a formulare regole generali a partire dall'esperienza linguistica vissuta. In tutte le unità è inoltre frequente il ricorso al gioco come occasione di apprendimento ludico e fonte di motivazione.

L'impostazione grafica, caratterizzata da una suddivisione cromatica dei moduli, dall'uso di pratici e agili specchietti di sintesi grammaticale e/o culturale e da un uso equilibrato degli elementi grafici e testuali che rende la pagina di immediata comprensione, consente un utilizzo facile e intuitivo sia allo studente che all'insegnante.

Le unità si chiudono con una **attività di sintesi** nella quale lo studente è invitato a riflettere in prima persona sulle funzioni comunicative e i contenuti linguistico-grammaticali trattati.

▸ La storia a fumetti

Alla fine di ogni modulo figura un episodio di **una storia a fumetti** a puntate, articolata su due pagine e la cui progressione grammaticale e lessicale segue di pari passo quella proposta nel modulo appena concluso.

Il fumetto propone un intreccio equilibrato tra testo (mai preponderante) e immagine. In tal modo si rassicurano gli studenti, dando loro la possibilità di cimentarsi con la specificità di questo genere testuale, e si fa sì che sia l'immagine stessa a fungere da principale supporto alla comprensione. Il fumetto inoltre coinvolge lo studente e lo porta a contatto con la realtà della lingua viva, fuori dai canoni consueti dell'apprendimento.

La storia è un affresco dell'Italia, dagli anni della Seconda Guerra Mondiale ad oggi, visto attraverso gli occhi di un uomo, Mauro, che si sposa a sessant'anni e che ripensa alle persone care della sua esistenza nel giorno del suo matrimonio con la donna della sua vita.

A partire dalle persone presenti al matrimonio, Mauro ripercorre la sua vita, dalla nascita nell'immediato dopoguerra, all'infanzia, agli anni Sessanta quando conosce le due persone più importanti della sua vita: Ada, che sta diventando sua moglie, e Chicco, l'amico protagonista di tante avventure. La storia prosegue con la maturità, in cui gli eventi della vita di Mauro, diventato magistrato, si vanno a incrociare con i fatti più importanti della storia dell'Italia contemporanea: il terrorismo, gli attentati della mafia, ecc.

Del fumetto è inoltre disponibile una lettura drammatizzata, con voci, musiche ed effetti sonori (vedi sezione "Il DVD rom").

▸ La fonetica

Alla fine di ogni modulo, dopo l'episodio della storia a fumetti, compare una **pagina della fonetica** con attività centrate sul rapporto tra grafia e pronuncia, la pronuncia e l'accento delle parole, l'accento e l'intonazione della frase.

Le attività proposte si basano su ascolti di singole parole, frasi, o estratti di conversazioni già ascoltate nelle unità. Anche in questa sezione viene privilegiata la riflessione di tipo induttivo: dopo aver svolto le attività proposte, lo studente è invitato a elaborare la regola generale.

Le soluzioni della **pagina della fonetica** si trovano nel DVD rom (vedi sezione "Il DVD rom").

▶ Le appendici

Da pagina 139 a pagina 143 del libro dello studente figurano alcune pagine di **appendice** utili per lo svolgimento delle produzioni e dei numerosi giochi di coppia o di gruppo proposti nelle unità.

▶ Le attività sul cortometraggio

Il DVD rom allegato al libro dello studente contiene, fra gli altri materiali, un **cortometraggio originale** intitolato "La Moglie" (vedi sezione "Il DVD rom").

Come indicato in precedenza, **Domani** propone allo studente un coinvolgimento multisensoriale, attraverso attività che stimolano di volta in volta un diverso canale e un diverso tipo di attenzione (uditiva e visuale in questo caso) nel rispetto dei differenti stili di apprendimento. Offre inoltre numerosi spunti di approfondimento per entrare in contatto con la dimensione sociale e culturale italiana, in questo caso utilizzando il linguaggio e la struttura visuale e narrativa del cinema.

Da pagina 144 a pagina 146 del manuale sono presenti attività didattiche correlate al cortometraggio, da svolgere in classe o in autoapprendimento. Lo studente è portato a lavorare sull'anticipazione, la visione graduale, la comprensione generale, la lettura e la grammatica in base all'input visivo e testuale del film e agli stimoli iconici e testuali delle attività.

Le soluzioni delle attività relative al cortometraggio si trovano nel DVD rom (vedi sezione "Il DVD rom").

▶ Gli esercizi

L'eserciziario (pp. 147-214) comprende 16 unità (più la 0), corrispondenti alle unità del manuale e anch'esse suddivise in 6 moduli, per il consolidamento e la sistematizzazione delle strutture grammaticali e degli elementi lessicali e comunicativi affrontati. Ogni capitolo presenta ascolti per la comprensione globale e specifica, insieme a numerosi esercizi testuali incentrati sul tema proposto nel modulo e variati per tipologia (completamento, combinazione, riscrittura, cruciverba, ecc.).

Le soluzioni delle attività dell'eserciziario si trovano nel DVD rom (vedi sezione "Il DVD rom").

▶ I test e i bilanci

I **test** (6) e i **bilanci** (6) si trovano alla fine di ogni modulo dell'eserciziario. Possono essere svolti dopo aver completato il modulo corrispondente (unità ed esercizi).

Nel **test** lo studente lavora su argomenti già affrontati nelle unità e può, calcolando il proprio punteggio alla fine di ogni esercizio, valutare in prima persona le competenze grammaticali, lessicali e comunicative acquisite. Il test può eventualmente essere svolto in modo autonomo (le soluzioni sono presenti nel DVD rom: vedi sezione "Il DVD rom").

Subito dopo il test figura la sezione **bilancio**, in cui lo studente può riflettere in modo esplicito e autonomo sulle competenze che ha sviluppato fino a quel punto, le conoscenze acquisite e le proprie strategie di apprendimento: nello specifico, potrà esprimersi su ciò che si sente in grado di fare con l'italiano, quanto e cosa ritiene di aver imparato, come reagisce in una data situazione comunicativa, e cimentarsi con un compito concreto finalizzato alla produzione di un testo o alla realizzazione di un'esperienza (non solo linguistica).

▶ La grammatica

Alla fine del libro dello studente (pp. 215-231) si trova una **grammatica riassuntiva** che permette allo studente di disporre di un quadro d'insieme chiaro ed esauriente degli argomenti morfosintattici affrontati all'interno delle unità, con eventuali approfondimenti e numerosi esempi.

▸ La scheda di comparazione

L'ultima pagina del libro dello studente (232) riporta una tabella nella quale sono indicate le attività in cui vengono affrontate le competenze richieste dal *Quadro comune europeo di riferimento per le linque* per il livello A2.

Questa griglia di comparazione può essere un utile strumento per l'insegnante che abbia bisogno di un programma su misura o che voglia affrontare una competenza prima di un'altra.

Il DVD rom

Al libro dello studente è allegato un DVD rom che contiene moltissimi materiali multimediali (cortometraggio, fumetto animato, canzone, esercizi, audio supplementari, ecc.).

Per accedere ai contenuti bisogna seguire queste istruzioni:

Windows: inserire il DVD nel computer. Sulla schermata di apertura cliccare su "accesso da computer".
Se non si apre la schermata iniziale: premere contemporaneamente i tasti 🏿Windows + E e fare click sull'icona del DVD.
Nella schermata che si apre cliccare su "Accesso da computer".
MAC: inserire il DVD nel computer, aprire il DVD, entrare nella cartella ROM e cliccare sul file Menu Mac.

A questo punto si aprirà il menù interattivo dal quale si accede a tutti i contenuti del DVD rom:

▸ i brani audio, le trascrizioni e le chiavi dell'eserciziario
▸ i brani audio e le chiavi degli esercizi di fonetica
▸ il cortometraggio "La Moglie" (di **20 minuti circa**, visionabile con e senza sottotitoli), 3 scene singole, le attività didattiche e le chiavi delle attività
▸ i 6 episodi del fumetto "Una storia italiana" presente alla fine di ogni modulo (vedi sezione "La storia a fumetti"), con tavole attive e la possibilità di ascoltarne la lettura drammatizzata
▸ il video karaoke della canzone "Volare" (presente nel percorso dell'unità 16 del libro dello studente)
▸ 6 bilanci per l'autovalutazione delle competenze acquisite (presenti anche nel libro dello studente, vedi sezione "Test e bilanci")
▸ i glossari (glossario per lezioni e glossario alfabetico)

Se inserito in un **lettore DVD collegato a un televisore**, il disco consente di accedere solo a:

▸ il cortometraggio "La Moglie" e le 3 scene singole per lo svolgimento delle attività didattiche
▸ il video karaoke della canzone "Volare".

Il CD audio

Il CD audio contiene i brani per le attività di classe e la canzone "Volare" presente nel percorso dell'unità 16.

Il metodo di Domani

Domani 2 si rivolge a studenti di italiano di livello A1 e presenta attività ed esercizi per sviluppare una competenza di livello A2, secondo le indicazioni del *Quadro comune europeo di riferimento per le lingue.*

Dal punto di vista metodologico, la particolarità di **Domani** consiste principalmente nella dimensione attiva e vitale in cui viene immerso lo studente, fatta di input suggestivi e coinvolgenti, compiti non banali, attività creative, autenticità delle situazioni, contesti credibili e non pretestuosi che si sviluppano per fili conduttori immediatamente ricollocabili (personaggi, situazioni e storie ricorrenti). Da qui la scelta di privilegiare un approccio globale alla lingua, centrato su una testualità che oltre agli aspetti morfosintattici affronta – in modo sempre consono al livello di studio – quelli pragmatici, conversazionali, lessicali e socioculturali.

La proposta di **itinerari graduati, divisi idealmente per tappe o passi successivi**, permette allo studente di focalizzare gli obiettivi in modo progressivo. Ogni tappa è una sfida in cui idealmente lo studente si cimenta, una prova impegnativa ma sempre possibile, che chiama in causa conoscenze pregresse ed elementi noti (suscitando dunque sicurezza) e allo stesso tempo propone nuovi problemi da risolvere e nuovi contenuti da esplorare (suscitando così curiosità ed interesse).

In tal modo si innesca un meccanismo virtuoso che porta lo studente ad avanzare nel proprio personale percorso di costruzione del sapere e a raggiungere livelli di competenza inizialmente considerati inarrivabili.

▸ La centralità dello studente

In **Domani** lo studente è considerato protagonista attivo del processo di apprendimento. Ogni attività del testo tende a coinvolgere lo **studente** in prima persona, assegnandogli il ruolo di **ricercatore/esploratore** e di costruttore attivo del proprio sapere.

Tendenzialmente, non c'è niente che sia dato come già determinato. Regole grammaticali, definizioni, sistematizzazioni, sono dei traguardi a cui lo studente arriva in modo attivo percorrendo degli itinerari didattici ricchi di stimoli e suggestioni che hanno lo scopo di aiutarlo a sviluppare la propria autonomia.

Per questo il momento del confronto con l'insegnante è rimandato il più possibile, attraverso continui rilanci che servono a portare nuova linfa alle ipotesi degli studenti.

Il ruolo dell'insegnante, oltre a quello di organizzatore della lezione, e quindi dell'apprendimento, consiste nell'essere a disposizione alla fine di ogni itinerario, come ultima e più autorevole risorsa alla quale gli studenti possono attingere al termine di un percorso di conoscenza, quindi nel ruolo di ricercatori ormai esperti.

Al fine di guidare gli studenti ad elaborare delle ipotesi (non si parla solo di ipotesi grammaticali, ma anche di ipotesi su aspetti culturali o interculturali o ancora, per esempio, ipotesi sul significato di un testo) tutte le attività sono state pensate per essere sufficientemente "sfidanti".

Si è prestata però molta attenzione a dosare bene la loro difficoltà rispetto al livello, cioè a non rendere la sfida troppo difficile, ovvero troppo alta rispetto alle possibilità dello studente e di conseguenza frustrante. Se infatti un'attività troppo facile non è sicuramente motivante, una richiesta troppo difficile può essere generatrice di frustrazione.

▸ L'aspetto cooperativo

Una delle risorse a cui le attività del libro fanno esplicito ricorso è la **collaborazione tra pari**: gli studenti sono spesso chiamati a rimettere in discussione le proprie idee con uno o più compagni in modo da formare nuove e più articolate ipotesi, affinché i più sicuri possano aiutare chi ne sa meno e i più insicuri possano attingere dalla competenza dei compagni più "esperti".

Questo principio, centrale in **Domani**, si basa sulla convinzione che esista una zona di sviluppo della conoscenza inaccessibile con lo studio autonomo e che, come teorizzato dallo studioso russo Lev S. Vygotskij, possa essere attivata attraverso il lavoro in collaborazione con i propri pari.

Questa metodologia presenta vari aspetti di rilievo:

▸ la condivisione con un compagno a proposito di quanto compreso e delle difficoltà incontrate riduce il tasso di stress individuale legato all'ansia da performance (ad esempio, in un'attività di lettura, l'ansia di dover capire tutto il testo o la frustrazione di fronte alla mancata comprensione di qualche passaggio);

▸ il confronto delle informazioni permette di trovare conferme e di acquisire nuovi dati da verificare; conforta e motiva ad andare avanti;

▸ il lavoro con un compagno permette di sviluppare uno spirito di collaborazione, volto non tanto a misurare la bravura individuale ma a potenziare le proprie abilità.

Alcuni accorgimenti pratici per potenziare il lavoro tra pari:

▸ quando gli studenti si confrontano con il libro chiuso è utile sistemarli, se possibile, in coppie e **faccia a faccia**, in modo da rendere più facile e "comodo" lo scambio verbale. Quando invece lavorano sul libro per risolvere quesiti, la posizione migliore è uno accanto all'altro per poter leggere nella stessa direzione durante il confronto;

▸ mentre gli studenti si confrontano l'insegnante dovrebbe rimanere in **posizione defilata** in modo da rendere chiaro che possono scambiarsi qualsiasi idea riguardo alle teorie che stanno elaborando;

▸ un buon indicatore per decidere quanto prolungare il lavoro tra pari è il grado di interesse degli studenti: quando cominciano a **mostrare stanchezza** conviene interrompere il confronto e passare alla fase successiva. È meglio, infatti, mantenere un ritmo piuttosto incalzante ed evitare tempi morti che possano abbassare l'attenzione nella classe. Pertanto, quando all'interno della classe due coppie hanno chiaramente esaurito gli argomenti e smettono di parlare, è il caso di porre fine alla fase di consultazione;

▸ in classi monolingui può essere utile, nelle prime lezioni, far svolgere questa fase in lingua madre, per poi passare progressivamente all'italiano.

▸ La testualità

Domani adotta un approccio fortemente **testuale**, nel senso che ogni aspetto linguistico e culturale presentato e successivamente analizzato proviene dai materiali proposti. È sempre dai testi che ha origine la riflessione, è sempre ad essi che si riferisce ogni analisi.

La metodologia adottata parte dal presupposto che ogni testo contiene una miriade di elementi significativi (ad esempio elementi morfosintattici: un articolo, una preposizione, l'uso di un verbo, ecc.) che di fatto acquistano senso unicamente nel momento in cui vengono pronunciati e scritti.

L'obiettivo è quello di offrire agli studenti (e agli insegnanti) dei **percorsi di riflessione**. I momenti di analisi – grammaticale, lessicale, stilistica o conversazionale – sono dei veri e propri percorsi di ricerca, che guidano lo studente alla scoperta delle regole che sottendono ai testi e che senza i testi di riferimento sarebbero pura astrazione.

In questa prospettiva non può che essere conseguente la scelta di proporre testi autentici e non creati ad hoc né adattati, testi che mantengano quindi tutte le caratteristiche di genuinità necessarie a restituire la ricchezza, l'organicità e la pregnanza della lingua reale.

La scelta della testualità implica anche l'assunzione di un procedimento **induttivo** nel percorso di apprendimento. In **Domani** si parte sempre dal particolare (il testo specifico, dal quale viene estrapolato l'esempio di lingua che sarà analizzato) per poi arrivare al generale (la regola, la sistematizzazione). È cioè un procedimento pratico, concreto, che prende avvio dall'esperienza diretta. Niente viene dato in modo astratto e dall'alto, in ossequio al principio secondo il quale è solo dopo aver fatto l'esperienza, che potrò arrivare alla teoria e quindi alla regola.

Questo modo di procedere contribuisce anche alla formazione dello studente come ricercatore autonomo, fornendogli una strategia di studio pratica ed efficace. Obiettivo del corso è quindi anche la costruzione del portfolio linguistico, raccomandato dalle indicazioni del *Quadro comune europeo di riferimento per le lingue*.

▸ L'approccio globale

Domani privilegia un **approccio globale alla lingua**. In questa visione, studiare la lingua significa non solo apprendere le regole morfologiche e sintattiche, ma affrontare anche l'insieme degli aspetti che ogni volta entrano in gioco quando si tratta di comunicazione (aspetti pragmatici, conversazionali, lessicali, socioculturali, interculturali...).

Domani cerca di trattare lo studio della lingua considerando questa pluralità di elementi, e rendendo consapevole lo studente di quali implicazioni comporta l'inviare o il ricevere un messaggio in italiano.

Lungo i percorsi del manuale si dipanano quindi attività che mirano a sviluppare – attraverso analisi di tipo pragmatico, conversazionale, lessicale – la competenza di ricezione e d'uso di aspetti di solito trascurati nei manuali di lingua, quali ad esempio il registro, l'intonazione, la presa di parola, le pause, i segnali del discorso, la dimensione extralinguistica dell'interazione, l'appropriatezza lessicale, ecc. Tutto questo naturalmente sempre in modo commisurato al livello dello studente e allo stesso tempo senza banalizzazioni.

▸ L'apprendimento come gioco

Tutti i percorsi didattici di **Domani** sono pensati in modo da motivare lo studente, attraverso la proposta di attività giocose, originali e creative.

Il gioco – con l'attenzione al coinvolgimento affettivo ed emotivo – permette di eliminare ansia e stress e di creare un ambiente piacevole e rilassato, realizzando le condizioni più favorevoli per un apprendimento efficace.

Nel manuale ciò si traduce non solo nella ricca proposta di giochi veri e propri (a coppie, a squadre, di movimento, di strategia, di simulazione, di tipo verbale, di tipo non verbale, ecc.), ma nell'impostazione ludica generale che attraversa come un invisibile filo conduttore tutti i percorsi e che è rintracciabile anche là dove in apparenza non si richiede allo studente di giocare o di partecipare ad una gara a punti.

In questa logica, **il gioco** è soprattutto **una filosofia dell'apprendimento** a cui riferirsi e una dimensione attiva e vitale in cui immergere lo studente per avviare quel processo virtuoso che dal GIOCO fa scaturire GRATIFICAZIONE e PIACERE e conseguentemente MOTIVAZIONE.

▸ La multisensorialità

In **Domani** un altro ruolo importante riveste la **sfera multisensoriale**. È stata posta grande cura infatti nel disegnare percorsi che dosassero e alternassero le attività in modo da attivare ogni volta un canale e un tipo di attenzione diversa (uditiva, visuale, dinamico-spaziale, ecc.). Lo scopo è quello di favorire i diversi stili di apprendimento (gli studi ci dicono che ogni studente privilegia uno stile diverso) e di tenere sempre desta l'attenzione, attraverso la proposta di compiti vari, stimolanti e sfidanti per lo studente.

Per questo nel manuale è frequente il ricorso alla musica (oltre alla canzone "Volare" sono presenti vari brani musicali che fanno da supporto ad attività di produzione e di ascolto), alle immagini, al video, al movimento... Si è con ciò voluto proporre un apprendimento basato anche e soprattutto sul CORPO, inteso come sistema integrato di funzioni in cui il piano cognitivo ed emotivo-affettivo non può che essere strettamente correlato a quello percettivo e dell'esperienza sensoriale.

Di grande aiuto a tal fine può essere il DVD rom allegato al libro dello studente, che contiene il cortometraggio e le relative attività didattiche, la versione drammatizzata con voci, musiche ed effetti della storia a fumetti, il karaoke della canzone "Volare", i brani audio degli esercizi e della fonetica e moltissimi altri materiali utili a diversificare il lavoro individuale e di classe.

Più in generale, l'adozione di un approccio realmente multisensoriale, ha permesso di concepire un ambiente di apprendimento dinamico e vivace, in grado di offrire input stimolanti, compiti originali ma non pretestuosi, contesti credibili. L'intento è stato quello di non far vivere mai allo studente una condizione di passività, allo stesso tempo si è cercato di fargli sentire ogni volta l'effettiva necessità dei compiti che veniva invitato a svolgere, che sono stati sempre legati ai suoi bisogni comunicativi reali. L'obiettivo è stato quindi anche quello di ricreare ogni volta delle condizioni di autenticità, cioè delle situazioni che portassero lo studente a vivere l'esperienza in classe come qualcosa di non artificioso o di non astratto.

Le attività didattiche

▸ **Introduzione**

> U0:1 | U1:1 | U4:1 | U6:1 | U9:1
> U10:1 | U11:1 | U13:1 | U14:1 | U16:1

Quasi tutte le unità iniziano con un'attività introduttiva. Il suo scopo è quello di mettere in gioco e in discussione le conoscenze degli studenti riguardo ad un determinato **argomento culturale** che verrà poi affrontato nel dettaglio nell'unità. Quest'attività è in alcuni casi di tipo linguistico (un gioco che introduce una lettura o un ascolto oppure il lessico specifico) altre volte è di tipo più marcatamente culturale, ma più spesso queste due tipologie si intersecano: la riflessione su temi culturali viene portata avanti attraverso attività di tipo (anche) linguistico.

▸ **Leggere**

> U0:4 | U2:1 | U4:2 | U6:2 | U6:7 | U7:7 | U9:2
> U10:2 | U12:1 | U13:2 | U15:1 | U16:3 | U16:7

L'obiettivo principale dell'attività è lo **sviluppo e la pratica dell'abilità di comprensione dei testi scritti** in una situazione il più possibile simile a quella autentica.

Per questo scopo **Domani** propone un'ampia varietà di tipologie testuali selezionate in base alle indicazioni del *Quadro comune europeo di riferimento per le lingue*. Sono presenti descrizioni di luoghi, epoche, mode e personaggi; menù, liste della spesa, articoli di giornale, grafici, annunci immobiliari, brochure turistiche, e-mail, testi letterari, biografie. I testi presentati sono impegnativi, in alcuni casi possono risultare difficili. Compito dell'insegnante è prima di tutto essere consapevole di questa difficoltà.

La soluzione non è però nel semplificare i materiali, quanto nel proporre la **modalità** più adeguata ad affrontare la difficoltà.

Procedimento

Il primo punto delle attività di lettura è generalmente un compito molto semplice che riguarda la ricerca di un'informazione generale, se non addirittura di contesto. In altri casi viene chiesto di elaborare un'idea soggettiva. L'insegnante deve convincere i suoi studenti a svolgere la lettura in modo veloce ed in silenzio, senza soffermarsi su quello che non si capisce, invitandoli anzi a saltare tutto quello che non si comprende e a utilizzare come appiglio quello che si pensa di capire.

È bene fin da subito deresponsabilizzare gli studenti e non avere fretta: se le loro risposte in questa fase non sono corrette non è così grave, cambieranno probabilmente idea nel prosieguo dell'attività, quando si sommeranno anche altri elementi. Tuttavia questa fase è forse la più proficua al processo di acquisizione in quanto, se svolta come descritto, fa sì che lo studente perda la paura di confrontarsi con i testi sviluppando strategie di comprensione a partire da quello che riesce a capire. Anche per questo, mentre gli studenti leggono l'insegnante dovrebbe spostarsi in un angolo e lasciare ognuno da solo con il proprio testo.

Come detto, il percorso proposto è di **letture successive** intervallate da un confronto a coppie da proporre ogni volta che gli studenti elaborano un qualche tipo di risposta o teoria.

Man mano che l'attività procede i compiti richiedono delle letture sempre più approfondite, il cui obiettivo è andare più a fondo nella comprensione e mantenere viva l'attenzione stimolando la curiosità.

La scaletta consigliata di seguito andrà quindi di volta in volta integrata con le indicazioni contenute nelle consegne delle attività.

LETTURA 1 ► Gli studenti leggono il testo per X minuti in modo silenzioso e autonomo (eventualmente per svolgere un compito).
CONFRONTO a coppie 1 ► L'insegnante dispone gli studenti in coppie per parlare di quello che hanno letto (eventualmente per confrontare le loro ipotesi sul compito).
LETTURA 2 (X minuti) ►
CONFRONTO a coppie 1 ► Stesse coppie del confronto 1.
CONFRONTO a coppie 2 ► L'insegnante cambia le coppie. Poi invita gli studenti a lavorare, in coppia, sui quesiti o sui compiti richiesti dall'attività, se presenti.
LETTURA 3 (X minuti) ►
CONFRONTO a coppie 2 ► Stesse coppie del confronto 2.

Ecco una lista di accorgimenti per potenziare la fase di lettura.

- Vista la difficoltà dei testi, è bene avvisare gli studenti del fatto che non sarà possibile capire tutto, ogni parola, ogni sfumatura, soprattutto alla prima lettura. Nell'introdurre l'attività è quindi importante tranquillizzare gli studenti sugli obiettivi da prefissarsi: chiarire che non gli si chiede di capire tutte le parole, quanto piuttosto di farsi **un'idea globale** sul testo. È fondamentale dunque comunicare che non saranno valutati in base alla quantità di informazioni che ricaveranno dalla lettura. È importante inoltre che lo studente sappia che l'insegnante si rende conto della grandezza del compito. Non c'è niente di più scoraggiante di un insegnante che informa lo studente che ci sono delle parole o dei concetti che avrebbe dovuto riconoscere.

- Per evitare che gli studenti si concentrino sulla comprensione di ogni singola parola o sulle forme grammaticali che incontrano, si consiglia di dare ogni volta un tempo limitato per leggere il testo, calcolato considerando il tempo necessario ad un madrelingua, o poco più. È bene mantenersi fermi nel far osservare questi **tempi limitati**, invitando gli studenti a saltare tutte le parti che non capiscono e ad arrivare comunque alla fine, in modo da costruire con più efficacia una mappa di riferimenti, utile per la consultazione tra pari e per una migliore comprensione. Questo nella convinzione che la comprensione sia un concetto soggettivo e dinamico, non oggettivo e fisso; un qualcosa da non sottoporre a verifica, ma che può essere potenziato attraverso il confronto tra pari.

- Il percorso proposto è di **letture successive**, intervallate da un compito, da svolgere generalmente a libro chiuso e spesso in coppia con un compagno. Servono allo scopo le domande o i compiti che accompagnano i testi. Oltre a ricordare che non ci si aspetta che il testo venga capito nella sua totalità, può essere importante far notare che l'attività non è una competizione e che non verrà premiato lo studente che ha più informazioni rispetto a quello che ne ha meno. Al contrario: la comprensione individuale viene potenziata dall'apporto dei compagni.

- È bene che sia l'insegnante a **dare la consegna** sul compito da svolgere, parlando in modo chiaro e semplice e preparando con accuratezza le parole con cui fornire le indicazioni. Le istruzioni delle attività sono infatti pensate e scritte per l'insegnante e, soprattutto nel caso di attività complesse, non c'è alcuna ragione di farle leggere agli studenti.

- È utile dire agli studenti che tra una lettura e l'altra si consulteranno tra di loro per cercare di ricostruire più tasselli possibili di quello che hanno letto, che per farlo potranno **usare la fantasia** e mettere in gioco la propria esperienza di vita perché qualsiasi intuizione può essere utile ad una migliore comprensione.

- Riguardo all'importanza del **confronto tra pari** e agli accorgimenti da adottare per la sua riuscita in classe, si rimanda a quanto detto nell'introduzione teorica a pagina 11.

introduzione

▸ Ascoltare

U0:3 | U0:7 | U1:3 | U4:1 | U4:7
U5:1 | U7:1 | U8:1 | U9:5 | U10:6 | U11:2
U12:5 | U14:2 | U16:2

L'obiettivo dell'attività è lo **sviluppo dell'abilità di comprensione di dialoghi tra madrelingua** in una situazione il più possibile simile a quella autentica.

Gli input orali, selezionati in base alle indicazioni del *Quadro comune europeo di riferimento per le lingue,* sono costituiti prevalentemente da conversazioni faccia a faccia (di tipo privato o più formale), telefonate, servizi radiofonici, pubblicità, canzoni.

I dialoghi non sono stati trascritti nel libro dello studente o ne è stata riportata solo una parte con la quale gli studenti dovranno lavorare.
Questa scelta nasce dal fatto che le attività di ascolto devono simulare la

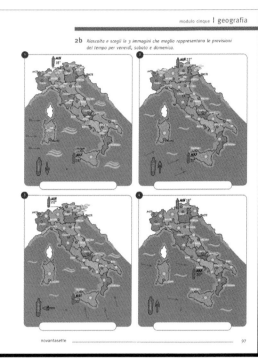

vita reale, "immergendo" il discente in situazioni analoghe a quelle in cui può trovarsi in Italia in modo che pian piano impari ad orientarsi e a cavarsela da solo. La trascrizione completa dei testi orali si trova nella presente Guida ad uso esclusivo dell'insegnante, nella parte relativa alle soluzioni. Si raccomanda di non fornirla agli studenti. A quegli studenti che dovessero richiederla si risponderà che in classe non potranno leggere il testo, esattamente come nella vita reale non possono vedere ciò che le persone dicono. La mancanza della trascrizione non è quindi una "cattiveria", bensì un aiuto: finché si rimane legati alla parola scritta, infatti, non si può imparare a decodificare i suoni perché il cervello umano li elabora diversamente dai segni.

Non sempre tutti gli studenti accettano con leggerezza di essere sottoposti ad un'attività poco gratificante come l'ascolto. Compito dell'insegnante è prima di tutto essere consapevole del fatto che ascoltare è forse l'attività più difficile e frustrante tra tutte quelle che vengono proposte in un corso di lingua. Anche qui però, come già per l'attività di lettura, la soluzione non è nel semplificare i materiali, quanto nel proporre la **modalità** più adeguata ad affrontare la difficoltà.

Procedimento

Nel primo punto delle attività di ascolto viene generalmente proposta una parte del dialogo oppure il dialogo completo. Il compito consiste solitamente nel **raccogliere informazioni** molto generali sul contesto in cui si svolge la conversazione, su chi è l'emittente e chi il ricevente, ecc. È bene fin da subito deresponsabilizzare gli studenti e non avere fretta: se le loro risposte in questa fase non sono corrette non è così grave, cambieranno probabilmente idea nel prosieguo dell'attività, quando si sommeranno anche altri elementi.

Anche se non è riportato nell'istruzione sul libro, è sempre utile far ascoltare il brano in oggetto almeno un paio di volte, far svolgere il compito riportato sul libro e quindi proporre un confronto a coppie, che dà la possibilità agli studenti di avere un primo feedback sulla propria comprensione. Se nei materiali sul libro sono presenti delle parole che lo studente deve conoscere per poter svolgere il compito, è bene che l'insegnante si assicuri che siano chiare per tutti prima di far partire l'audio (vedi ad esempio a pag. 54 il punto 1b che richiede che gli studenti non abbiano dubbi su cosa rappresentino i prodotti della lista).

Dopo questa fase introduttiva sono generalmente proposti altri compiti che permettono di andare più a fondo nella comprensione attraverso ascolti successivi. Per questa fase, se è possibile, sarebbe bene disporre gli studenti in cerchio. Dopo aver avviato l'audio, l'insegnante dovrebbe spostarsi in un angolo: è importante che gli studenti ascoltino senza essere distratti dalla presenza del docente.

È proficuo in questa fase distinguere tre passaggi: l'**ascolto** vero e proprio, il lavoro per rispondere ad un **compito** proposto, il **confronto** con un compagno.

È più utile che lo studente, mentre ascolta, non faccia altre cose e si metta comodo e rilassato ad ascoltare il brano proposto, senza libri, penne e quaderni davanti. Finito il brano, può mettersi individualmente (oppure direttamente in coppia da un certo momento in poi) a rispondere ai quesiti proposti dal libro. L'eventuale confronto a coppie precederà un successivo ascolto.

Anche se nel libro le istruzioni per le attività di ascolto sono descritte in modo dettagliato, proponiamo di seguito una scaletta di massima organizzata in cinque ascolti (da estendere fino a sei ascolti per i brani più impegnativi, seguendo lo stesso schema):

ASCOLTO 1 e 2 ▸ Gli studenti ascoltano il brano due volte con il libro chiuso.

COMPITO ▸ Gli studenti aprono il libro e risolvono individualmente un compito.

CONFRONTO a coppie 1 ▸ Gli studenti in coppie confrontano la soluzione con il compito.

ASCOLTO 3 ▸

CONFRONTO a coppie 1 ▸ Stesse coppie di prima. Verificano la soluzione del compito. L'insegnante chiede alle coppie se hanno delle cose da aggiungere alla situazione. Li invita a scambiarsi informazioni, usando la fantasia. Può essere utile a questo scopo sistemare le coppie faccia a faccia e far loro chiudere il libro. L'insegnante non ascolta e non interviene se non chiamato/-a.

CONFRONTO a coppie 2 ▸ L'insegnante cambia le coppie.

ASCOLTO 4 ▸

CONFRONTO a coppie 2 ▸ Stesse coppie di prima.

NUOVO COMPITO ▸ Da svolgere individualmente o direttamente in coppia. L'insegnante invita gli studenti ad aprire il libro e a lavorare, anche direttamente in coppia, sui quesiti o sui compiti richiesti dall'attività.

CONFRONTO a coppie 3 ▸ L'insegnante cambia le coppie.

ASCOLTO 5 ▸

CONFRONTO a coppie 3 ▸ Stesse coppie di prima.

Ecco una lista di accorgimenti per potenziare la fase di ascolto.

- I testi audio presentati sono impegnativi ed è consigliabile introdurre l'attività chiarendo che l'obiettivo non consiste nel capire tutte le parole, ma nel farsi **un'idea globale** del testo. Capire tutto non solo non è possibile ma non è neanche realistico: quando si assiste ad una conversazione, anche nella propria lingua madre, è normale che sfuggano dei particolari. È bene essere molto chiari su questo punto, soprattutto le prime volte che si propone l'attività.

- Gli studenti vanno tranquillizzati e deresponsabilizzati parlando della difficoltà del testo, del fatto che non sarà possibile capire tutto e che non sarà sufficiente ascoltare il brano una sola volta.

- È utile dire agli studenti che tra un ascolto e l'altro si consulteranno tra di loro per cercare di ricostruire più tasselli possibili di quello che hanno ascoltato, che per farlo potranno usare la **fantasia** e mettere in gioco la propria esperienza di vita perché qualsiasi intuizione può essere utile ad una migliore comprensione. È importante che lo studente sappia che l'insegnante si rende conto della **grandezza del compito**. Non c'è niente di più scoraggiante di un insegnante che informa lo studente che ci sono delle parole o dei concetti che avrebbe dovuto riconoscere.

- È pertanto anche utile chiarire che **l'insegnante non valuterà la comprensione**; è importantissimo che l'insegnante in seguito mantenga la parola e **non effettui alcuna verifica** sugli studenti, ad esempio chiedendo di esporre pubblicamente ciò che hanno capito davanti alla classe.

- È bene che sia l'insegnante a **dare la consegna** sul compito da svolgere, parlando in modo chiaro e semplice e preparando con accuratezza le parole con cui fornire le indicazioni. Le istruzioni delle attività infatti sono pensate e scritte per l'insegnante e, soprattutto nel caso di attività complesse, non c'è alcuna ragione di farle leggere agli studenti.

- È bene far precedere l'ascolto vero e proprio da un'attività di **avvicinamento** in cui lo studente, attraverso l'ascolto di una parte del brano, comincia a capire in quale contesto esso si svolge (p. es. formale o informale), ad immaginare la situazione e/o a ricavare alcune informazioni generali. A tale scopo in **Domani 2** vengono proposti dei compiti, spesso basati su una o più immagini, che hanno l'obiettivo di mettere lo studente a proprio agio, fornirgli delle informazioni che saranno utili all'ascolto completo e, non per ultimo, stimolare la curiosità: è importante che lo studente abbia, ad ogni ascolto, qualcosa di nuovo da scoprire perché così ascolterà con interesse e ricaverà automaticamente maggiore vantaggio dall'attività.

- Dopo ogni ascolto gli studenti **lavorano con un compagno** per confrontare la loro interpretazione.

- Il percorso proposto è di **"ascolti successivi"**, intervallati da un compito da svolgere in coppia con un compagno. Servono allo scopo le domande o i compiti proposti nel libro.

- È consigliabile distinguere **in modo molto netto la fase di ascolto** dalle altre. È già abbastanza difficile ascoltare, l'attività diviene ancora più ostica se nello stesso tempo lo studente deve anche leggere o addirittura scrivere. Bisogna quindi fare in modo che durante l'ascolto i banchi siano vuoti, il libro sia chiuso, gli studenti non possano scrivere e non abbiano niente da leggere (a meno che non ci siano compiti specifici da svolgere).

- Riguardo all'importanza del **confronto tra pari** e agli accorgimenti da adottare per la sua riuscita in classe, si rimanda a quanto detto nell'introduzione teorica a pagina 11.

► Analisi grammaticale

> U1:5 | U1:7 | U2:3 | U2:5 | U3:3 | U4:6 | U5:4
> U6:3 | U7:2 | U7:6 | U8:4 | U9:8 | U10:7
> U11:5 | U12:7 | U13:4 | U14:3 | U14:5 | U15:7
> U16:9

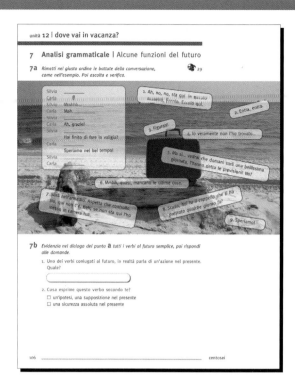

In **Domani** lo studio della grammatica nasce da due direttrici principali: dagli studi sullo sviluppo dell'interlingua e sulle sequenze di apprendimento e dalla grande varietà linguistica presente nei materiali audio e scritti. I temi proposti all'attenzione dello studente provengono dai testi, emergendo quindi dalla salienza pragmatica all'interno di una determinata tipologia testuale.

L'intento è quello di fornire allo studente la possibilità di affrontare in modo esplicito un tema morfosintattico nel momento in cui questo sta entrando già nel suo bagaglio di necessità. È ovvio però che quel tema non potrà essere "esaurito" in quella fase, per cui lo studio esplicito serve a fornire uno strumento d'uso, forse non ancora affilato ed esaustivo ma di certo utile. Questo primo stadio rappresenta un punto per una nuova partenza perché necessariamente arriverà il momento in cui dovrà essere messo in discussione. Il percorso di riflessione non può quindi che risultare a spirale, con continui ritorni (e approfondimenti) sullo stesso argomento.

Gli itinerari sono studiati per essere sempre gratificanti attraverso una progressione graduale e modalità non frustranti. Ben presto però lo studente stesso si accorgerà che studiare le forme della lingua significa, man mano che si procede, mettere in dubbio ciò che già si sa, al fine di entrare in possesso di una nuova regola più precisa e più utile ad esprimere, in maniera sempre più corretta, le molteplici strategie comunicative di cui si ha bisogno.

Per questo, più che un prontuario e una classificazione infinita e minuziosa, **Domani** propone agli studenti e agli insegnanti dei percorsi di riflessione. I momenti di analisi grammaticale, lessicale, stilistica e conversazionale proposti sono inoltre da intendersi come indicazione di uno stile di ricerca, come l'esempio di un percorso di scavo che lo studente dovrebbe imparare a conoscere per approfondire lo studio della lingua nella direzione che maggiormente lo interessa viste le proprie esigenze di studio, di lavoro e di vita. Va detto a questo proposito che il fornire una metodologia esplicita di ricerca e di studio fin dall'inizio non è solo pratico ed efficace, ma rappresenta uno strumento indispensabile per la costruzione di quel portfolio linguistico tanto raccomandato dalle indicazioni del *Quadro comune europeo di riferimento per le lingue.*

Procedimento

Lo studio delle forme parte sempre da un testo, audio o scritto, già affrontato in precedenza. Generalmente l'attività inizia con l'indicazione da parte dell'insegnante del tema linguistico che gli studenti dovranno affrontare. Poi si passa ad una fase in cui ogni studente individualmente ricerca qualche tipo di occorrenza all'interno di un testo. Questa fase è seguita dal lavoro a coppie, da far continuare anche con cambi di coppia finché le teorie dei singoli siano state ampiamente condivise con i compagni. Ultima fase delle analisi grammaticali è generalmente il lavoro con l'insegnante. Se si darà abbastanza spazio alla consultazione tra pari, la parte centrata sull'insegnante non potrà che consistere in un dialogo tra "esperti": gli studenti da una parte, che hanno elaborato le loro teorie, e l'insegnante dall'altra, che risponde ai dubbi che inevitabilmente ancora sono presenti. Per questo chiedere se ci sono domande dovrebbe essere sufficiente.

introduzione

I **riquadri grammaticali** rappresentano delle scorciatoie. In questi casi l'insegnante ha più una funzione trasmissiva in quanto le regole presenti nei riquadri vengono "dall'alto". È bene quindi che si astenga dall'integrarne i contenuti e "spieghi" agli studenti solo ciò che è strettamente necessario.

▸ Analisi lessicale

U0:5 | U1:4 | U2:2 | U3:5 | U4:3 U5:2 | U6:5
U7:4 | U7:8 | U8:2 | U9:3 | U9:6 | U10:3 | U11:2
U11:4 | U15:5 | U16:8

Lo studio del lessico accoglie, dal punto di vista metodologico, alcune suggestioni dell'**approccio lessicale** (sia pure rivisto e corretto in una dimensione testuale e funzionale). In quest'ottica la lingua non è più vista come la somma di sistemi separati (lessico e grammatica), da analizzare quindi in modo distinto e spesso dicotomico, ma come un sistema integrato (un "lessico grammaticalizzato") da affrontare nella sua totalità e complessità. Non sono quindi solo i significati delle parole al centro dell'analisi, ma le modalità attraverso cui le parole si combinano per formare degli insiemi strutturati (quelli che nella lingua inglese vengono chiamati *chunks*).

Il tutto attraverso attività che portino gli allievi a ragionare sulle relazioni tra le parole e sulla frequenza di queste relazioni, facendo ipotesi di attrazione e repulsione interne a determinati insiemi lessicali. Le procedure delle analisi lessicali sono generalmente riconducibili a quelle relative all'analisi grammaticale.

▸ Analisi della conversazione

U11:9 | U12:9

Una delle grandi sfide di **Domani** consiste nel mettere fin da subito gli studenti in contatto con una lingua in grado di svelare gli aspetti personali e i vincoli socialmente condivisi della comunicazione; una lingua che sia in tutto e per tutto quella, fascinosa e forse a volte difficilmente comprensibile, degli "italiani".

Oltre a presentare un'ampia gamma di tipologie testuali nei brani audio, **Domani** offre attività di analisi del parlato e delle regole pragmatiche che sottendono alla comunicazione orale. Le attività proposte si concentrano su diversi aspetti e vanno dall'analisi dell'intonazione o delle modalità di interazione in una conversazione, alla produzione efficace di un dialogo, facendo attenzione proprio agli aspetti pragmatici presi in considerazione. Obiettivo di queste attività infatti non è solo riuscire a comprendere le sfumature del parlato, ma anche, e forse soprattutto, sviluppare fin da subito una specifica competenza procedurale: usare la lingua in modo adeguato ai diversi contesti. Le procedure delle analisi della conversazione sono generalmente riconducibili a quelle relative all'analisi grammaticale.

▸ Gioco

U0:6 | U1:6 | U1:8 | U2:4 | U3:2 | U4:5 | U4:7
U5:3 | U5:5 | U6:4 | U8:5 | U9:7 | U10:4 | U10:8
U11:4 | U12:6 | U12:8 | U13:3 | U14:4 | U14:6
U15:4 | U15:6 | U16:4 | U16:10

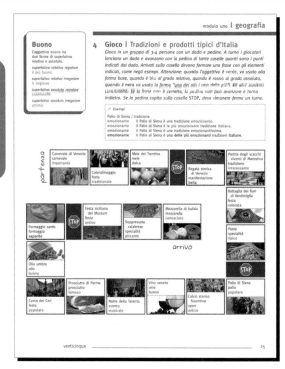

In **Domani** sono presenti diverse tipologie di giochi (a coppia e a squadre), generalmente centrati su argomenti grammaticali o funzionali.

I giochi sono particolarmente indicati nei casi in cui sia proposto agli studenti un compito che potrebbe risultare noioso e pedante da svolgere individualmente (ad esempio nell'unità 4: ricercare nel testo le forme dei verbi all'imperfetto, attività 5).

La strategia è utilizzata anche per portare alla luce un sostrato comune di conoscenze, per far emergere quello che gli studenti conoscono su un determinato argomento, per farlo mettere in comune, farlo condividere.

Oltre a questo, il gioco fa sì che l'attività sia centrata sugli studenti, introducendo nello stesso tempo il fattore tempo: chi arriva prima alla soluzione del compito vince. Questo riduce i tempi morti e la noia.

Procedimento

Si è cercato di fare in modo che le istruzioni di ogni gioco fossero chiare già nel libro dello studente. La tipologia più utilizzata consiste nel dividere la classe in coppie oppure in due o più squadre, comunicare il compito da svolgere e dire che appena una squadra crede di aver finito in modo corretto chiama l'insegnante. Se la risposta è corretta la squadra vince.

Ecco alcuni accorgimenti per far funzionare i giochi nel migliore dei modi:

- l'insegnante deve dare l'istruzione in modo molto chiaro, possibilmente a libro chiuso, e assicurarsi che tutti abbiano capito esattamente quale sia il compito da svolgere. Le istruzioni delle attività infatti sono pensate e scritte per l'insegnante e, soprattutto nel caso di giochi complessi, non c'è alcuna ragione di farle leggere agli studenti;

- il ruolo dell'insegnante deve essere chiarissimo agli studenti: avrà esclusivamente la funzione di arbitro. Quando una squadra la/lo chiamerà, lei/lui controllerà la correttezza della risposta o delle risposte confrontando con la soluzione e dirà solo *Giusto!* o *Sbagliato, si continua*;

- gli studenti possono chiamare l'insegnante ogni volta che vogliono, salvo diversa indicazione nell'istruzione.

In alcuni casi è possibile che durante lo svolgimento del gioco si raggiunga una fase di stallo: le squadre continuano a chiamare l'insegnante ma non riescono a dare la soluzione. È bene ricordare che di solito un gioco non dovrebbe durare oltre i 20 minuti, e che dovrebbe inoltre essere caratterizzato da un certo dinamismo. Pertanto, nel momento in cui l'insegnante percepisce un calo di tensione, il volume delle consultazioni comincia a scemare, alcuni studenti cominciano a distrarsi, è bene rilanciare il compito "regalando" alcuni elementi. Ad esempio, nell'unità 15, attività 4: il lavoro è molto complesso e può essere utile dopo un po', se nessun gruppo fornisce la soluzione giusta, regalare un tassello a tutta la classe. Se questo non basta, dopo un paio di minuti regalare altri tasselli, e continuare a farlo finché una squadra non arriva alla soluzione.

È bene ricordare che l'obiettivo è che gli studenti lavorino nel migliore dei modi per la quantità di tempo prefissato; in questa logica, il raggiungimento della soluzione è solo funzionale al gioco: si giustifica cioè con il fatto che non stabilire un vincitore potrebbe essere demotivante per le volte successive.

Per quel che riguarda i giochi a coppia, prima di iniziare è molto utile simulare la dinamica del gioco utilizzando uno studente e solo successivamente mettere gli studenti uno di fronte all'altro per giocare. La maggior parte dei giochi (in modo particolare quelli a coppia) sono delle attività di **produzione orale controllata**, hanno cioè l'obiettivo di far praticare agli studenti delle strutture morfosintattiche o funzionali o lessicali analizzate in precedenza. È importante che l'insegnante riesca a comunicare che si tratta di un gioco e a fare in modo che ogni studente "voglia vincere".
Se si mette in moto questa dinamica allora ognuno sarà il controllore dell'altro e una forma non corretta non potrà passare. In caso contrario si avrà un gioco sciatto e poco interessante, sia per gli studenti, che non si divertono, che per l'insegnante, perché non viene raggiunto l'obiettivo didattico.

Molti giochi sono dei quiz che si svolgono in più fasi (Esempio: Uo:6).

a. Generalmente il primo punto è una fase globale da svolgersi individualmente o in coppie, che può essere una lettura o un ascolto o anche lo studio di un tema morfosintattico.
b. Quindi l'attività segue con un confronto a coppie e poi in gruppo, per risolvere problemi legati alla comprensione dei significati o all'assimilazione delle regole.
c. Segue una fase di preparazione al vero e proprio gioco. La classe viene divisa in due squadre, che giocheranno l'una contro l'altra. Ogni squadra prepara una serie di domande per l'altra squadra. Le domande possono vertere sul contenuto del brano ascoltato o della lettura svolta, oppure sul tema morfosintattico affrontato. In alcuni casi sarà richiesta anche la correttezza formale della domanda.
d. Una volta completata la stesura delle domande (pari almeno al numero degli studenti delle squadre) le due squadre si dispongono una di fronte all'altra e l'insegnante numera gli studenti in modo che i numeri corrispondenti si trovino faccia a faccia (1 davanti a 1, 2 davanti a 2, ecc.).

A questo punto parte il gioco: il numero 1 della prima squadra fa la prima domanda al numero 1 della seconda squadra. La seconda squadra ha generalmente tempo a disposizione per consultarsi (in italiano!) e dare la risposta.
Allo scadere del tempo (scandito dall'insegnante) il numero 1 della seconda squadra sarà l'unico portavoce ufficiale per dare la risposta. L'insegnante sarà intransigente in questo e inviterà la prima squadra a non considerare le risposte date da persone diverse dal portavoce. A questo punto la seconda squadra può consultarsi e decidere se accettare o no la risposta come corretta. È bene responsabilizzare fin da subito gli studenti in questo: non sarà l'insegnante a decidere se la risposta è giusta o sbagliata ma la squadra che ha fatto la domanda. Il gioco poi prosegue con la domanda del numero 1 della seconda squadra al numero 1 della prima squadra. Vince il gruppo che alla fine del giro ha dato più risposte corrette. Il gioco si può concludere con le osservazioni dell'insegnante su risposte accettate con troppa superficialità o al contrario, su giudizi troppo severi. O ancora su altre osservazioni utili su argomenti usciti durante il gioco, approfondimenti o curiosità.

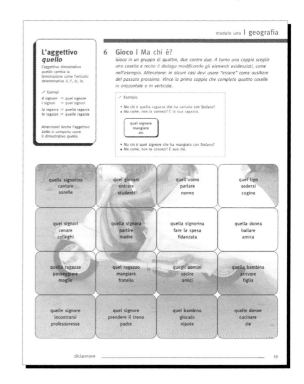

▸ **Parlare**

> **U0:8 | U1:2 | U1:9 | U3:6 | U3:7 | U4:8 | U5:7**
> **U7:5 | U7:9 | U8:3 | U9:4 | U9:10 | U10:5**
> **U10:10 | U11:6 | U13:5 | U13:7 | U15:2 | U16:6**

Le attività di produzione orale presenti in **Domani** sono di due tipologie: libere, con attenzione all'**espressione di significati**; e controllate, con attenzione alla **correttezza grammaticale**. Le attività di questo secondo tipo, come detto, sono generalmente dei giochi.

L'importanza del parlato libero in classe è universalmente riconosciuta, se è vero che imparare a parlare una lingua vuol dire nella stragrande maggioranza dei casi imparare a partecipare a conversazioni.

Affinché la produzione orale libera possa svolgersi con efficacia, è cruciale che lo studente senta di potersi esprimere senza nessuna forma di valutazione da parte dell'insegnante e dei compagni.

L'insegnante non "entra" nella conversazione fra pari ma resta in secondo piano, disponibile a soddisfare le eventuali richieste linguistiche degli studenti.

Le produzioni orali possono essere "reali" (lo studente è se stesso, parla di sé) o "immaginarie" (lo studente impersona un personaggio). La situazione immaginaria può favorire una dimensione ludico-fantastica utile alla pratica orale mentre quella reale viene utilizzata per far confrontare gli studenti su questioni inerenti il tema dell'unità, in merito ad abitudini personali o quando questo può mettere in evidenza differenze culturali e di idee.

Procedimento

Per quel che riguarda la produzione orale immaginaria, l'insegnante divide la classe in gruppi e assegna ad ogni gruppo un personaggio differente leggendo la descrizione riportata sul libro ed aggiungendo, eventualmente, altre caratteristiche. Se possibile le istruzioni vanno date senza che il resto della classe ascolti (e quindi, ove ci sia la possibilità, usando in questa fase preliminare anche lo spazio esterno all'aula, facendo per esempio uscire uno o più gruppi).

L'insegnante invita ogni gruppo a lavorare sul personaggio sviluppandone il vocabolario, le sue emozioni e intenzioni all'interno della situazione. Invita inoltre gli studenti a caratterizzare il personaggio il più possibile, attraverso un particolare modo di muoversi, di parlare, ecc.

Quindi l'insegnante dispone gli studenti uno di fronte all'altro, seduti o in piedi a seconda della scena che si trovano a rappresentare. Le varie conversazioni si svolgono contemporaneamente. L'insegnante può favorire la creazione di questo "contesto immaginario", intervenendo sullo spazio della classe, spostando sedie e tavoli e creando la "scena" in cui la conversazione ha luogo.

Per quanto riguarda le produzioni orali reali sarà sempre bene dare le istruzioni in modo chiaro e mettere gli studenti in coppia faccia a faccia.

In tutti i casi è meglio comunicare fin da subito un tempo di durata dell'attività, soprattutto all'inizio del corso, dicendo esplicitamente che per quei minuti dovranno sforzarsi di parlare solo in italiano. Questo contribuisce a responsabilizzare gli studenti ma anche a mostrare loro che l'insegnante è consapevole di quanto il compito sia difficile.

Per qualsiasi tipo di produzione libera orale, consigliamo di comporre gruppi il più piccoli possibile. L'obiettivo di tale attività infatti è lo sviluppo dell'interlingua, che si può ottenere solo se gli studenti provano ed esprimere significati, esponendosi e parlando il più possibile. Se l'attività dura 10 minuti e il gruppo è di cinque studenti, ogni studente parlerà circa due minuti, nella migliore delle ipotesi. Se il gruppo è di due studenti ad ognuno spetteranno circa cinque minuti.

Un altro aspetto da prendere in considerazione è il ruolo dell'insegnante. Dopo aver preparato l'attività, dato le istruzioni, preparato lo spazio e fatto partire le conversazioni, è bene che si metta da parte, a disposizione degli studenti che avranno bisogno del suo aiuto. Se l'insegnante vuole partecipare alla conversazione (ad esempio in un plenum), nonostante abbia instaurato un rapporto cordiale e di fiducia con gli studenti, deve essere consapevole dei risvolti negativi. Ne elenchiamo solo alcuni:

- prenderanno la parola solo i più bravi;

- i meno bravi parleranno solo se interpellati direttamente dall'insegnante (quindi per dovere);

- l'interlingua non sarà spinta al massimo perché nessuno studente vuole rischiare di sbagliare davanti all'insegnante e quindi ognuno cercherà di esprimere solo frasi corrette, a discapito dell'espressione dei significati;

- verrà meno la negoziazione dei significati (tanto importante per lo sviluppo dell'interlingua) perché l'insegnante rappresenta la versione corretta e ufficiale e ogni studente sarà disposto ad abbandonare la propria teoria di fronte ad una diversa idea da parte dell'insegnante.

▸ Scrivere

> **U0:9 | U2:6 | U5:6 | U6:6 | U9:10**
> **U12:3 | U13:8 | U14:7 | U15:9 | U16:9**

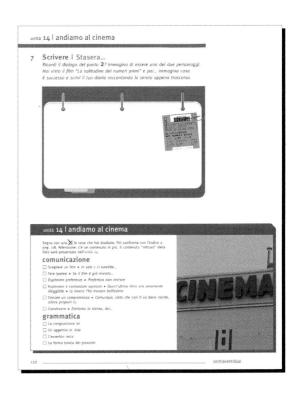

La produzione scritta chiede allo studente di mettere in gioco tutte le proprie conoscenze linguistiche (e non) con una precisione ed un'accuratezza maggiori rispetto alla produzione orale. Essa richiede anche un livello di progettazione più alto e dunque più tempo a disposizione. Per queste ragioni l'attività di produzione scritta risulta spesso sacrificata nel lavoro in classe o relegata a compito da svolgere a casa. È invece importante trovare lo spazio necessario (20, 30 minuti) per includere quest'attività all'interno della lezione. La scrittura in classe permette infatti all'insegnante di tenere sotto controllo il processo di produzione. Tutti gli studenti avranno lo stesso tempo a disposizione per scrivere e tutti avranno accesso agli stessi strumenti (dizionario, grammatica, l'insegnante stesso): in questo modo sarà possibile rendersi conto della reale competenza raggiunta da ogni studente in questa abilità così importante.

Procedimento

È importante, anche in classi di non più principianti, tranquillizzare gli studenti circa il prodotto che l'insegnante si attende da loro: la fase di stesura di un testo scritto dovrebbe rappresentare un momento utile a cercare di esprimere significati, anche a costo di fare "esperimenti linguistici". La cosa che più conta è lo sforzo volto ad attivare tutte le proprie conoscenze, per poche che siano, per cercare di raggiungere un determinato obiettivo comunicativo. L'insegnante dovrebbe mostrarsi consapevole del fatto che la produzione non potrà risultare subito perfetta, motivo per cui è bene che i discenti si abituino fin dall'inizio a dividere il lavoro in fasi ben precise: **progettazione** / **prima elaborazione** / **revisione** / **scrittura in bella copia**. La distinzione netta delle fasi può realizzarsi in momenti diversi in differenti lezioni, per cui una produzione scritta può risultare da due "attività" ben distinte di circa 20/30 minuti l'una: progettazione e prima bozza un giorno, revisione e bella copia un altro giorno. La capacità di dividere il lavoro in fasi è un'abilità che gli studenti impareranno man mano ad affinare nel corso dei loro studi.

Fase 1: progettazione / prima elaborazione

Annunciare alla classe il tempo che avranno a disposizione per scrivere, dire che avranno successivamente il tempo di revisionare il testo, e comunicare gli strumenti che potranno usare.

Ogni scelta da parte dell'insegnante ha conseguenze diverse: ad esempio, mettere a disposizione il dizionario bilingue rischia di promuoverne un uso eccessivo. Vietarlo al contrario rischia di creare dei blocchi.

Un'alternativa consiste nel mettere i dizionari a disposizione sistemandoli in un punto della classe lontano da tutti in modo che chi vuole deve alzarsi dal suo posto per consultarlo e poi tornare a sedersi.

Se l'insegnante si mette a disposizione come "dizionario umano" deve fare bene il suo lavoro: a domanda risponde, senza divagare.

Visto che la scrittura è un'attività solitaria e che richiede molta concentrazione, l'insegnante, se chiamato, è bene che si rechi al posto dello studente (piegandosi sulle ginocchia per mettersi allo stesso suo livello ed esprimere così disponibilità) e risponda alla domanda sottovoce e privatamente.

Dopo il tempo stabilito l'insegnante ritira le produzioni scritte. Qualche minuto prima è meglio annunciare quanto tempo resta, in modo da dare l'opportunità a tutti di presentare un testo coeso e chiuso.

È preferibile non correggere né valutare le produzioni scritte (a meno che non si tratti esplicitamente di un test) per far sì che anche nelle successive attività di produzione libera scritta ogni studente si senta libero di sperimentare la propria interlingua senza paura di scrivere delle cose che verranno considerate errori. Inoltre lo studente non ha ancora revisionato il testo, sarebbe quindi poco corretto nei suoi confronti. Quello che si può fare è comunque leggere i testi (visto che un testo prodotto in classe è sempre implicitamente rivolto all'insegnante) e scrivere un commento sul contenuto prima di restituirlo.

Fase 2: revisione / scrittura in bella copia

In questa fase può essere applicato proficuamente il lavoro tra pari. La fase di revisione infatti può risultare potenziata dallo sguardo di un occhio esterno, osservando il seguente procedimento.

- L'insegnante forma delle coppie. Ogni studente ha il testo che ha scritto, presumibilmente, in una lezione precedente (o più probabilmente è l'insegnante a consegnare alla coppia i testi che aveva ritirato al termine dell'attività di scrittura svolta in precedenza).
- Ogni studente legge il testo dell'altro membro della coppia, chiedendogli spiegazioni su quello che non riesce a capire.
- L'insegnante annuncia che si lavorerà per 30 minuti (all'inizio sarà meglio dare 10/20 minuti, per poi aumentare il tempo man mano che gli studenti cominciano a capire il tipo di lavoro che devono svolgere) e che ogni coppia dovrà lavorare per 15 (5/10) minuti su ogni testo.
- L'insegnante ritira uno dei due testi in modo che le coppie non passino arbitrariamente da un testo all'altro.
- Le coppie cominciano a lavorare con l'obiettivo dichiarato dall'insegnante di migliorare la qualità del testo. L'obiettivo non è quindi solo trovare gli errori ma soprattutto cercare di esprimere i significati con maggiore efficacia. Per farlo l'insegnante invita ad utilizzare il dizionario, la grammatica e offre la propria consulenza.
- Una regola inderogabile è la seguente: solo l'autore del testo può usare la penna e scrivere le modifiche da apportare.
- Al termine del tempo stabilito l'insegnante ritira il primo testo e invita gli studenti a lavorare sull'altro, anche se non hanno finito. Se gli studenti vogliono continuare a "migliorare" il testo si può proporre, se possibile, un'altra sessione di revisione, eventualmente modificando le coppie.

Come detto, l'insegnante è a disposizione degli studenti. È però importante far capire che non è lì per risolvere i problemi, per dare soluzioni o per dire se una frase è giusta o sbagliata. L'insegnante è lì per dare una mano, ma in quel momento non è lui che deve revisionare il testo. Quanto alla scrittura in bella copia, è un lavoro che gli studenti fanno individualmente e che rappresenta un'ulteriore, ultima revisione.

▸ Esercizio

U0:2 | U3:4 | U4:4 | U7:3 | U9:9 | U13:6
U15:3 | U16:11

Gli esercizi presenti all'interno delle lezioni di **Domani**, a differenza di quelli inseriti nella sezione degli Esercizi (pp. 147-214), sono pensati per essere svolti in classe. Hanno differenti caratteristiche e finalità, riconducibili a diverse tipologie:

- **esercizi di parlato con attenzione alle forme**, che si differenziano dal gioco in quanto le coppie non fanno una gara per vincere. Considerare l'attività un esercizio e non un gioco permette di lavorare con maggiore calma e lascia maggior tempo agli studenti per ponderare le proprie scelte;
- esercizi scritti che hanno sempre un obiettivo grammaticale;
- esercizi di trascrizione di un brano audio;
- esercizi logico-grammaticali.

Caratteristica comune di tutti questi esercizi è il fatto che, dopo la fase in cui lo studente lavora da solo, segue sempre una o più fasi di confronto tra pari.

▸ Le attività finali

Ogni unità si chiude con un'attività in cui gli studenti possono riflettere sui contenuti grammaticali e di comunicazione studiati.

È bene, soprattutto all'inizio del corso, spiegare gli obiettivi dell'attività. Deve essere chiaro a tutti che non si tratta di un test o di un esame ma di un momento in cui si torna indietro per riguardare nella propria memoria e poi nelle pagine del libro. Far svolgere la piccola attività prima individualmente, poi a coppie o a piccoli gruppi. Quindi chiedere di confrontare con l'indice dell'unità.

A questo punto sarebbe auspicabile che l'insegnante chiedesse agli studenti di individuare se, tra gli argomenti studiati, c'è qualcosa che ancora non è chiaro. In questa fase l'insegnante può rispondere ad ogni domanda e chiarire ogni dubbio. Questa parte "frontale" della lezione in realtà non rientra in una modalità trasmissiva perché è lo studente che decide il contenuto della spiegazione. E lo decide da esperto, in quanto quell'argomento comunque lo ha già studiato e anche se ha dei dubbi e delle lacune, avrà comunque un'idea del suo funzionamento.

▸ I riquadri

In **Domani** sono presenti dei riquadri informativi, appartenenti a due categorie: i box culturali e i box grammaticali, chiaramente distinti dal punto di vista cromatico.

I **riquadri culturali** generalmente rappresentano un "qualcosa in più" e non sono usati per attività didattiche. Solo in pochi casi si inseriscono all'interno di attività nelle quali è richiesto allo studente di recuperare delle informazioni per completarli.

I **riquadri grammaticali** hanno spesso la funzione di promemoria di fenomeni grammaticali utili per lo svolgimento di una determinata attività. In altri casi invece rappresentano delle "scorciatoie" nei confronti di informazioni importanti ma che non meritano un'intera analisi. I riquadri grammaticali generalmente forniscono una regola in modo acritico, senza possibilità di azione da parte dello studente.

in classe

comunicazione	grammatica	lessico	testi scritti e *orali*	cultura
Parlare della propria esperienza di studio dell'italiano ▸ *Studio l'italiano perchè...* Nominare oggetti nella classe ▸ *banco, sedia, ecc.* Descrivere i propri interessi ▸ *Mi piace la musica* Iscriversi a un corso ▸ *Senta, vorrei delle informazioni...*	Ripasso generale del primo volume	Gli oggetti della classe	*Istruzioni per eseguire dei compiti* Descrizione della scuola in Italia *Conversazione alla segreteria di una scuola*	Il sistema dell'istruzione in Italia

1 ▸ Introduzione

Obiettivo ▸ conoscersi e condividere le ragioni di studio dell'italiano, instaurare in classe un clima di collaborazione e interazione.

Procedimento ▸ **1a** • chiedere agli studenti di indicare le ragioni per cui hanno intrapreso lo studio dell'italiano. Possono scegliere una o più opzioni tra quelle proposte e aggiungerne altre. Se ci sono problemi lessicali o di comprensione è bene intervenire per rendere il lavoro più leggero. **1b** • mettere gli studenti in coppia, faccia a faccia. meglio fare in modo che lavorino insieme studenti che si conoscono poco, se possibile. Invitare le coppie a presentarsi e a parlare di sè, del perché studiano l'italiano e dei loro interessi generali. Dopo qualche minuto cambiare le coppie in modo che ci sia più scambio, in classi numerose eventualmente costituire infine dei gruppi di 4, 5 studenti.

2 ▸ Esercizio | In classe

Obiettivo ▸ attivare conoscenze pregresse e lavorare con il lessico della classe.

Procedimento ▸ **2a** • prima di iniziare è utile fare un esempio chiedendo alla classe (a libro chiuso) quali possono essere gli usi di una lavagna (indicandola). Scrivere le cose che dicono gli studenti e invitarli a pensare usi non ortodossi (ad esempio *fare rumori fastidiosi per disturbare*). Quindi far lavorare gli studenti in coppie, uno a fianco all'altro, con il libro aperto davanti. Chiedere ad ogni coppia di pensare ad almeno tre usi per uno degli oggetti rappresentati e a scriverli negli spazi. **2b** • cambiare le coppie mettendo, questa volta, gli studenti faccia a faccia. A turno uno studente dice quali sono i possibili usi del suo oggetto, senza

dirne il nome, e l'altro deve indovinare. Quando hanno finito i due insieme scelgono gli usi per un nuovo oggetto, come nel punto 2a. **2c** • si cambiano ancora le coppie e si ripete il lavoro del punto 2b.

Conclusione ▸ alla fine si può chiedere quali sono gli usi più strani per ognuno degli oggetti rappresentati. È bene che l'esercizio sia svolto in modo dinamico, senza troppe pause.

3 ▸ Ascoltare | Pesci e tartarughe
Trascrizione 2

Stai per cominciare il secondo volume di Domani. Rilassati. Mettiti comodo sulla tua sedia. Chiudi anche gli occhi e resta in silenzio. Ok, ora apri gli occhi, prendi una penna o una matita e preparati a scrivere nel rettangolo verde. Hai fatto? Bene. Allora, adesso fai attenzione.

Se sei un pesce scrivi l'articolo determinativo che va prima della parola "pesce". Ripeto, l'articolo determinativo, non quello indeterminativo. Le tartarughe, invece, scrivono l'articolo determinativo che si usa prima della parola "tartaruga". Scritto? Bene. Ora, se sei una tartaruga e anche se sei un pesce scrivi il nome della nazione degli autori di questo libro. Non è difficile. Devi scrivere il nome della nazione degli autori di *Domani*. Ok, continuiamo. Tartarughe, attenzione, questa istruzione è solo per voi: dunque, scrivete la terza persona singolare del presente del verbo "chiamarsi". Attente tartarughe: sono due parole. E ricordate: la prima persona è "mi chiamo", ma voi dovete scrivere la terza, non la prima. Per i pesci adesso: sapete quale parola va di solito insieme al cognome? Sì? D'accordo, allora scrivetela.

Molto bene, bravi. Ora attenzione, questa istruzione è per tutti, pesci e tartarughe. Pronti? Bene, scrivete la quarta lettera dell'alfabeto. È facile, molto facile. Bene. Ora, se non sei una tartaruga, scrivi "quali sono" al singolare. Hai capito? *Quali - sono -* al singolare. Attento: sono due parole. Se invece sei una tartaruga, scrivi la seconda persona singolare del presente del verbo "sapere". Non lo sai? Non è possibile, è facilissimo. Ora, se non sei un pesce, scrivi una parola con le prime lettere di queste quatto città: Como - Oristano - Milano - Enna. E adesso tocca ai pesci: devono scrivere la preposizione articolata composta da *DI* più l'articolo al femminile singolare. Benissimo, pesci e tartarughe, queste non erano facili. E infine: manca ancora una parola, è uguale per tutti. Ascoltate: così si chiama la città più importante di ogni Paese. Cos'è? Scrivetelo. Ora alzatevi tutti in piedi e prendete il libro. Mettetevi in gruppo, pesci con pesci e tartarughe con tartarughe. Ordinate le parole che avete scritto completando la domanda del rettangolo rosso. Poi scrivete nel rettangolo giallo la risposta e consegnate il libro all'insegnante. Ne basta uno per tutta la squadra.

Obiettivo ▸ acquisire familiarità con l'attività di ascolto, creare un clima collaborativo in classe, eseguire dei compiti.

Procedimento ▸ questo ascolto è un vero e proprio gioco a squadre, si scoprirà alla fine del brano audio. Gli studenti devono scrivere nel riquadro verde delle parole, organizzare le parole trascritte nel rettangolo rosso per comporre una domanda, scrivere la risposta nel riquadro giallo. La prima squadra che consegna all'insegnante la risposta corretta vince. Dal punto di vista didattico, il gioco si basa sulla tecnica del TPR (Total Physical Response): gli studenti dovranno "rispondere" a dei compiti che provengono dal brano audio.

Prima di iniziare è bene assicurarsi che tutti gli studenti vengano a conoscenza del significato delle due parole "pesce" e "tartaruga". L'insegnante può aiutarsi con i disegni del libro a pag. 11. Quindi dividere la classe in due gruppi: gruppo dei pesci e gruppo delle tartarughe. È bene che i membri dei due gruppi siano mischiati tra di loro nell'aula. Ogni studente è seduto con, sul tavolo, il libro aperto a pag. 11 e una penna (o una matita). Dire agli studenti che nell'audio troveranno delle istruzioni e che dovranno eseguirle alla lettera. Quindi far partire l'audio. In classi poco numerose (da 2 a 5 studenti), potrebbe essere necessario far ascoltare ancora le istruzioni, ma sarebbe meglio, per la dinamica del gioco, incoraggiare gli studenti a svolgere accuratamente i compiti fin dal primo ascolto e a collaborare in modo proficuo nella seconda parte.

Conclusione ▸ il gioco finisce quando una squadra consegna la risposta corretta (Roma). Se l'insegnante riceve una risposta sbagliata, il gioco prosegue. Consigliamo di non indagare sulla correttezza della domanda ricostruita: si rischia di rallentare troppo il gioco e di essere troppo pedanti.

Soluzione ▸ **3a** • PESCI: (rettangolo verde) il - Italia - nome - d' - qual è - della - capitale → (rettangolo rosso) Qual è il nome della capitale d'Italia?; (rettangolo giallo) Roma. TARTARUGHE: (rettangolo verde) la - Italia - si chiama - d' - sai - come - capitale → (rettangolo rosso) Sai come si chiama la capitale d'Italia?; (rettangolo giallo) Roma.

4 ▸ Leggere | L'istruzione in Italia

Obiettivo ▸ sviluppare la capacità di lettura (conoscere il sistema scolastico italiano e acquisire il lessico relativo alla scuola).

Procedimento ▸ **4a** • far svolgere il compito individualmente e in silenzio. È bene in questa prima fase dare un tempo limitato (max: 5 minuti) e vietare l'uso del dizionario. Tranquillizzare gli studenti dicendo che se non sono sicuri di alcuni collegamenti non importa. Quindi far lavorare gli studenti in coppie per confrontare il lavoro svolto ed eventualmente modificare alcuni collegamenti. Se necessario istituire delle sessioni di uso del dizionario (ad esempio dire che per 3 minuti possono usare il dizionario). L'uso limitato del dizionario è volto a disincentivare la convinzione che leggere significa capire tutte le parole. Per approfondimenti sulle strategie di lettura vedere nell'introduzione il capitolo "Leggere". **4b** • far lavorare gli studenti in coppie, le stesse della parte finale del punto precedente oppure nuove. L'attività può funzionare bene sia in classi monoculturali che in classi multiculturali.

5 ▸ Analisi lessicale | Cruciverba

Obiettivo ▸ sviluppare il lessico del sistema dell'istruzione.

Procedimento ▸ seguire le consegne dell'attività. Quando i primi studenti cominciano ad avere difficoltà ad andare avanti formare delle coppie. Unire quindi le coppie fino a formare gruppi di 4/6 persone.

Soluzione ▸

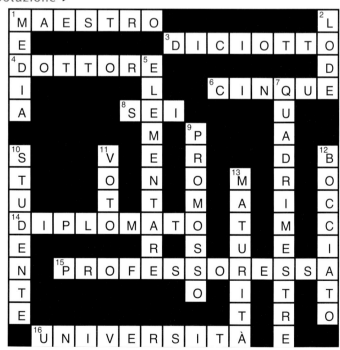

6 ▸ Gioco | Ripassiamo la grammatica

Obiettivo ▸ ripassare i temi grammaticali studiati nel primo volume.

Procedimento ▸ **6a** • utilizzare la strategia del quiz descritta nell'introduzione al capitolo "Gioco". Far svolgere il compito prima individualmente, poi in coppie. È bene che l'insegnante non intervenga in questa fase. Se qualche studente ha dei dubbi, dire che verranno risolti più avanti. **6b** • in coppie gli studenti si confrontano sugli argomenti grammaticali della lista del punto **6a** che ancora presentano per loro dei problemi. **6c** • seguire le istruzioni e dire alle squadre che ora faranno una gara di grammatica. Dovranno preparare delle domande da fare all'altra squadra seguendo l'esempio. Essendo questa la prima volta che la classe svolge questo gioco, è bene che l'insegnante faccia un esempio lui stesso mostrando le frasi sul libro. Visto che al punto **6d** dovranno anche rispondere alle domande dell'altra squadra, in questa fase dovranno anche cercare di risolvere più dubbi possibile. **6d** • seguire le istruzioni facendo attenzione a mantenere alto il ritmo del gioco.

7 ▸ Ascoltare | Non capisco...
Trascrizione 🎧 3

Donna	Buongiorno
Segretario	Buongiorno, dica.
Donna	Senta vorrei delle informazioni per un'amica.
Segretario	Sì, l'amica è straniera?
Donna	Sì, certo, è argentina.
Segretario	Ah, ecco, bene. Quanto tempo vuole rimanere?
Donna	Qui a scuola?
Segretario	Sì.
Donna	Vorrebbe fare un corso intensivo di un mese.
Segretario	Sì, vuole sapere i prezzi?
Donna	Sì grazie.
Segretario	Allora, deve pagare l'iscrizione, che sono [[*incomprensibile*]] euro. Poi per quattro settimane di corso il prezzo è [[*incomprensibile*]] euro per ottanta ore.
Donna	Eh... Come scusi?
Segretario	Mi scusi, guardi, oggi ho un po' di tosse, scusi eh. (*beve*) Allora, si iscrive?
Donna	Mah... non ho capito niente. Forse è meglio se mi fa parlare con un'altra persona.

Obiettivo ▸ sviluppare la competenza di ascolto (conversazione alla segreteria di una scuola).

Procedimento ▸ seguire le indicazione dell'introduzione al capitolo "Ascoltare".

Soluzione ▸ 1. Una donna e il segretario di una scuola di lingua italiana. 2. La donna vuole iscrivere un'amica ad un corso di lingua. 3. L'uomo continua a tossire e la donna non può capire cosa dice.

8 ▸ Parlare | Iscrizione ad una scuola di lingue
Obiettivo ▸ sviluppare la capacità di produzione libera orale (chiedere informazioni, prezzi e disponibilità alla segreteria di una scuola di lingua italiana. Dare informazioni ad un cliente che vuole iscriversi ad un corso di lingua italiana).

Preparazione ▸ prima di entrare in classe l'insegnante fotocopia una delle liste dei problemi di comunicazione di pagina 139 del libro dello studente, le ritaglia e le mette in un sacchetto.

Procedimento ▸ **8a** • se l'insegnante lo ritiene necessario, prima di disporre la classe su due file, comunicare l'obiettivo del compito, dividere la classe in due gruppi e comunicare ad ogni gruppo qual è il profilo del personaggio che dovranno interpretare (cliente e segretario), informandoli del fatto che ognuno riceverà un foglietto con la descrizione di un problema che rende difficile la comunicazione, come nel brano audio del punto 7, solo che in questo caso anche il cliente avrà un problema.
8b • consegnare i foglietti come descritto nell'istruzione.
8c • invitare gli studenti a giocare; l'attività funziona se si instaura un clima di gioco e divertimento, deresponsabilizzando gli studenti sulla correttezza di quello che dicono. Il gioco tra comprensione e incomprensione qui è molto sottile ed è bene che gli studenti pensino solo a divertirsi, utilizzando però solo l'italiano come lingua di comunicazione. **Variante:** i diversi segretari rappresentano ognuno il segretario di una scuola diversa. Dopo qualche minuto di conversazione, al segnale dell'insegnante (CAMBIO!), i clienti devono alzarsi e cambiare scuola, andando quindi a parlare con un nuovo segretario.

9 ▸ Scrivere | Elimina le parti superflue
Obiettivo ▸ sviluppare la capacità di sintesi.
Procedimento ▸ **9a** • seguire le istruzioni. Non far durare troppo questa fase individuale, potrebbe essere frustrante per qualche studente. **9b** • il lavoro a coppie può essere più accurato di quello individuale, per cui si può chiedere uno sforzo maggiore in questa fase. Eventualmente è possibile creare dei gruppi più numerosi, di 3 o 4 studenti. **Variante:** è possibile, in questa fase, dire ad ogni coppia che è possibile inserire un certo numero di parole nuove (massimo 5). Può essere utile per organizzare meglio alcuni paragrafi che con dei tagli netti non possono funzionare.

---

unità 0 | in classe

attività finale

Procedimento ▸ seguire la procedura descritta nell'introduzione.
Soluzione ▸ Il contenuto intruso è: Ordinare al ristorante.

modulo uno | geografia

unità 1 | w gli sposi

comunicazione	grammatica	lessico	testi scritti e *orali*	cultura
Descrivere persone e situazioni ▸ *Capelli lunghi bianchi...* Fare gli auguri e rispondere ▸ *Buon Anno!*	I pronomi diretti *Quello* e *bello* Il passato prossimo con il verbo *essere* Il passato prossimo dei verbi riflessivi L'accordo del participio passato con i pronomi diretti	I mesi e le stagioni Occasioni, feste e festività, regali, ecc. Le espressioni per fare gli auguri e rispondere	*Dialogo ad un matrimonio* 🎧	Buone maniere nel dare e ricevere un regalo Fare gli auguri Il matrimonio in Italia

1 ▸ Introduzione

Obiettivo ▸ acquisire il lessico necessario ad iniziare l'unità, sviluppare la conoscenza culturale delle abitudini italiane nelle occasioni speciali.

Procedimento ▸ **1a** • far svolgere il compito prima individualmente, poi in coppia. Invitare gli studenti a presentare la propria opinione secondo la propria esperienza. Uno stesso oggetto può essere utilizzato per più occasioni. Possono anche aggiungere altri oggetti e chiederne eventualmente il nome all'insegnante. Alla fine di questo punto è utile che l'insegnante dia la soluzione esplicitando cosa è conveniente o no regalare in una data occasione. **1b** • far svolgere il compito in coppie, anche con lo stesso compagno del punto precedente. L'attività funziona senz'altro in classi multiculturali, ma anche in classi monoculturali possono esserci delle sorprese.

Soluzione ▸ la soluzione è soggettiva, ne diamo una versione secondo gli stereotipi. Compleanno: un orologio, una catenina, una penna stilografica, un vestito. Matrimonio: un servizio di piatti, una busta con dei soldi (se richiesto esplicitamente dagli sposi). Invito a cena: una bottiglia di vino, una pianta, una torta. Laurea: una penna stilografica, un mazzo di fiori. Nascita di un figlio: un mazzo di fiori, una catenina. Natale: un orologio, una penna stilografica, un vestito, una busta con dei soldi (in genere genitori, nonni o zii a figli o nipoti).

Riquadro | Cosa NON fare in Italia

Gli esempi proposti sono degli stereotipi. In caso di classi miste si può chiedere agli studenti di fare una lista di cosa è meglio NON fare nel proprio paese in caso di occasioni speciali. Si può far fare poi un cartellone alla classe. In classi monoculturali far lavorare sulle differenze tra l'Italia e il loro Paese ed eventualmente far preparare un cartellone "contrastivo" sull'argomento, anche utilizzando internet per approfondire il tema.

Riquadro | I mesi e le stagioni

È la prima volta che viene presentata la lista dei mesi affiancati dalle stagioni. In classi miste si può utilizzare il riquadro chiedendo agli studenti di realizzare un cartellone con le varie stagioni nei vari Paesi (ad esempio in Argentina l'estate va da dicembre a febbraio).

2 ▸ Parlare | Il matrimonio

Obiettivo ▸ sviluppare la capacità di produzione libera orale (riflettere su aspetti culturali legati alle tradizioni e al matrimonio).

Procedimento ▸ mettere gli studenti in coppie e seguire le consegne dell'attività e le indicazioni dell'introduzione.

3 ▸ Ascoltare | Il matrimonio
Trascrizione 🎧 4

Si sentono le ultime note della canzone "Domani".
Stefano e Euridice (cantano) Domani è gia qui, domani è gia qui!
Domaniiii... *(Applausi)*

Stefano	Grazie, grazie! E ora prendete tutti in mano il bicchiere, voglio proporre un brindisi per i nostri amici Vincenzo e Annalisa. Evviva gli sposi! Tanti auguri!
Voci	Evviva gli sposi! Evviva!
Francesca	Ma chi è quella ragazza che ha cantato con Stefano?
Uomo 1	Ma come, non la conosci? È la sua ragazza, Euridice.
Francesca	Carina!
Uomo 1	Sì sì, una ragazza tutta pepe. Pensa che vuole fare la trapezista in un circo!
Francesca	Ma dai!? Che tipa! Ma non è di queste parti vero?
Uomo 1	Nooo. No. Non è di Venezia, è romana... aspetta, Stefano *(chiama)*, Stefano.
Stefano	Ehi, ciao. Come va?
Uomo 1	Bene, bene.
Stefano	Ciao Francesca.
Francesca	Ciao, complimenti, a te e alla tua ragazza che canta davvero benissimo!
Uomo 1	Sì. sì è proprio carina... "la romana"...
Stefano	Eh, sì. Sentite, mi scusate un attimo? Vado a prendere qualcosa da bere.
Uomo 1	Ma certo, a dopo.
Francesca	Ciao, ci vediamo.
Stefano	Ciao.
Barista	Cosa prende?
Stefano	Un prosecco per favore.
Barista	Ecco qui.
Stefano	Grazie.
Franco	E dove vai tu? Aspetta un attimo!
Stefano	No no, Franco, voglio andare da Annalisa e Vincenzo, torno dopo dai.
Franco	Aspetta un attimo, forse tu ci puoi aiutare. Per caso conosci quel signore seduto a quel tavolo?
Stefano	No, perché?
Franco	No, scusa eh, ma... guardalo un attimo. I capelli lunghi bianchi con il codino, la barba e l'orecchino. Sembra un figlio dei fiori uscito da un film degli anni Settanta.
Stefano	Sì, un po' sì. Però non lo conosco. Ora vado da Annalisa e Vincenzo. Mi aspettano..
Franco	Ok, ok, ci vediamo dopo.
Annalisa	Ah, finalmente!
Vincenzo	Ecco il nostro cantante preferito!
Stefano	Scusate ragazzi, è che Franco mi ha fermato a parlare. Sapete com'è fatto. Si è fissato con quel buffo signore laggiù!
Annalisa	Mio padre?
Euridice	Ah sì? Scusa, scusa Annalisa, non volevo...
Annalisa	Ma figurati! Papà è una persona molto particolare... è sempre al centro dell'attenzione. Ma è adorabile.
Euridice	Va be', dai. Allora? Come stai?
Annalisa	Devo dire la verità? Non capisco niente. Però il vostro concerto è stato fantastico. E quest'ultima canzone poi... è bellissima. L'hai scritta tu?
Stefano	Sì. È una canzone molto importante per me perché io ed Euridice ci siamo conosciuti proprio su queste note, in un pub a Firenze.
Vincenzo	Euridice ha una voce bellissima!
Stefano	Sì, sì, è fantastica. Comunque cantare per voi è stata un'emozione unica. Grazie.
Annalisa	No no, grazie a te! Il vostro è stato sicuramente il regalo più simpatico ed originale che abbiamo ricevuto. Eh Vincenzo?
Vincenzo	Eh già.
Stefano	Perché? Avete avuto regali inutili?
Annalisa	Eh, si vede che non ti sei mai sposato eh!
Vincenzo	Pensa che ora abbiamo un centinaio di bicchieri, due aspirapolvere, due cellulari a testa, non so quanti tostapane e... forse... tre set di piatti?
Annalisa	No, no, sono quattro. Ci sono anche i piatti di Mirella, non li hai visti?
Vincenzo	Oh no!!!
Annalisa	Eh sì!!
Stefano	Forse dovevate fare una lista di nozze! Piuttosto, avete deciso dove andare in viaggio di nozze?
Vincenzo	Guarda, sembrerà strano... ma ancora no. Il prossimo mese siamo impegnati tutti e due per lavoro e quindi prima di settembre non possiamo partire.
Annalisa	E poi non è così facile. Io amo il mare e Vincenzo la montagna, bisognerebbe trovare un posto per tutti e due.
Stefano	Io un'idea ce l'avrei. Un posto fantastico, mare e montagna! Ci sono stato con Euridice il mese scorso e ci è piaciuto tantissimo!
Annalisa	E sarebbe?
Euridice	Vincenzo, Annalisa, venite qui sul palco per il brindisi ufficiale!
Stefano	Andiamo, poi vi dico.
Annalisa	Ok andiamo.
Vincenzo	Va bene. Però poi vogliamo sapere qual è questo posto, eh!
Stefano	Ma certo.

31

Obiettivo ▸ sviluppare la competenza di ascolto (dialoghi ad un matrimonio).

Procedimento ▸ **3a** • far svolgere il lavoro individualmente e poi proporre un confronto a coppie. **3b/3c** • far ascoltare più di una volta per svolgere i compiti. Proporre dei confronti a coppie. **3d** • Proporre questo compito solo quando gli altri sono stati risolti correttamente. Fare la domanda in plenum e aspettare le risposte. Se c'è incertezza far riascoltare il brano, altrimenti non è necessario.

Soluzione ▸ **3a** • In tutto parlano otto persone: Stefano, Francesca, Uomo 1 (Matteo), Barista, Franco, Vincenzo, Annalisa, Euridice. **3b** • palco, tavolo 7, bar, tavolo 5, tavolo 4, palco. **3c** • palco: Euridice; tavolo 7: Matteo, Francesca; bar: barista; tavolo 5: Franco; tavolo 4: Vincenzo, Annalisa; tavolo 1: papà di Annalisa. **3d** • Il regalo di Stefano ed Euridice è un loro concerto.

4 ▸ Analisi lessicale | Auguri

Obiettivo ▸ conoscere e praticare il lessico per fare gli auguri e rispondere in occasioni particolari.

Procedimento ▸ far svolgere il lavoro individualmente e poi proporre un confronto a coppie prima di risolvere eventuali dubbi da parte degli studenti.

Conclusione ▸ si può ampliare l'attività chiedendo agli studenti di preparare a gruppi una lista di altre possibili occasioni (laurea, nascita di un figlio, ecc.). Possono fare ipotesi sulla formule da utilizzare oppure fare una ricerca in internet, prima di confrontarsi con l'insegnante.

Soluzione ▸ 1. Tanti auguri! - Grazie!; 2. In bocca al lupo! - Crepi!; 3. Buon anno! - Grazie!; 4. Buona fortuna! - Grazie!; 5. Tanti auguri! - Grazie!

5 ▸ Analisi grammaticale | I pronomi diretti

Obiettivo ▸ sistematizzare i pronomi diretti.

Procedimento ▸ far svolgere il lavoro individualmente e poi proporre almeno un confronto a coppie prima di risolvere eventuali dubbi da parte degli studenti.

Soluzione ▸ prima persona: S - mi, P - ci; seconda persona: S - ti, P - vi; terza persona maschile: S - lo, P - li; terza persona femminile: S - la, P - le.

> ### Riquadro | L'aggettivo *quello*
> Mostrare il riquadro grammaticale a pagina 19 e spiegare la costruzione particolare dell'aggettivo *quello*, che cambia la propria terminazione come l'articolo determinativo. Far notare che la stessa formazione riguarda anche l'aggettivo *bello*.

6 ▸ Gioco | Ma chi è?

Obiettivo ▸ praticare l'aggettivo dimostrativo *quello*, i pronomi diretti, il passato prossimo, i possessivi, i possessivi con i nomi di famiglia.

Procedimento ▸ seguire le consegne dell'attività e le indicazioni dell'introduzione. Prima di iniziare è opportuno simulare la dinamica del gioco attraverso l'esempio con l'aiuto di uno studente.

Conclusione ▸ chiedere se ci sono dubbi e rispondere.

Soluzione ▸

- ■ *Ma chi* sono **quelle signorine** *che* **hanno cantato** *con Stefano?*
- □ *Ma come, non* le *conosci?* Sono le sue **sorelle**.
- ■ *Ma chi* sono **quei giovani** *che* **sono entrati** *con Stefano?*
- □ *Ma come, non* li *conosci?* Sono i suoi **studenti**.
- ■ *Ma chi* e **quell'uomo** *che* **ha parlato** *con Stefano?*
- □ *Ma come, non* lo *conosci?* È suo **nonno**.
- ■ *Ma chi* è **quel tipo** *che* **si è seduto** *con Stefano?*
- □ *Ma come, non* lo *conosci?* È suo **cugino**.
- ■ *Ma chi* sono **quei signori** *che* **hanno cenato** *con Stefano?*
- □ *Ma come, non* li *conosci?* Sono i suoi **colleghi**.
- ■ *Ma chi* è **quella signora** *che* **è partita** *con Stefano?*
- □ *Ma come, non* la *conosci?* È sua **madre**.
- ■ *Ma chi* è **quella signorina** *che* **ha fatto la spesa** *con Stefano?*
- □ *Ma come, non* la *conosci?* È la sua **fidanzata**.
- ■ *Ma chi* è **quella donna** *che* **ha ballato** *con Stefano?*
- □ *Ma come, non* la *conosci?* È la (una) sua **amica**.
- ■ *Ma chi* è **quella ragazza** *che* **ha passeggiato** *con Stefano?*
- □ *Ma come, non* la *conosci?* È sua **moglie**.
- ■ *Ma chi* è **quel ragazzo** *che* **ha mangiato** *con Stefano?*
- □ *Ma come, non* lo *conosci?* È suo **fratello**.
- ■ *Ma chi* sono **quegli uomini** *che* **sono usciti** *con Stefano?*
- □ *Ma come, non* li *conosci?* Sono i suoi **amici**.
- ■ *Ma chi* è **quella bambina** *che* **è arrivata** *con Stefano?*
- □ *Ma come, non* la *conosci?* È sua **figlia**.
- ■ *Ma chi* sono **quelle signore** *che* **si sono incontrate** *con Stefano?*
- □ *Ma come, non* le *conosci?* Sono le sue **professoresse**.
- ■ *Ma chi* è **quel signore** *che* **ha preso il treno** *con Stefano?*
- □ *Ma come, non* lo *conosci?* È suo **padre**.
- ■ *Ma chi* è **quel bambino** *che* **ha giocato** *con Stefano?*
- □ *Ma come, non* lo *conosci?* È suo **nipote**.
- ■ *Ma chi* sono **quelle donne** *che* **hanno cucinato** *con Stefano?*
- □ *Ma come, non* le *conosci?* Sono le sue **zie**.

7 ▸ Analisi grammaticale | Il passato prossimo

Obiettivo ▸ cominciare a scoprire la regola dell'accordo del participio con i pronomi diretti.

Procedimento ▸ **7a** • se è la prima volta che gli studenti svolgono un'attività di questo genere, è opportuno introdurla con un esempio, mostrando sul libro il primo verbo al passato prossimo, *ha fermato*, alla terza riga della trascrizione del dialogo. Mimare l'azione di sottolinearlo e invitare gli studenti a fare altrettanto continuando a cercare nel testo. Far svolgere il compito individualmente. Quando si comincia a vedere che i primi studenti hanno finito o comunque non riescono ad andare più avanti, chiedere quanti verbi hanno sottolineato. Incoraggiare tutti, anche quelli che hanno inserito solo pochi verbi. Far quindi proseguire il lavoro in coppie e cambiare coppie finché non hanno trovato un numero di verbi che si avvicina a quello giusto (13). Se si propone un numero congruo di cambi di coppia, la parte di verifica da parte dell'insegnante può risolversi in pochi istanti. Questo viene recepito dallo studente come una vittoria: il compito, che all'inizio dell'attività sembrava difficile, alla fine è stato portato a termine con successo. Se invece la verifica viene fatta troppo presto, lo studente troverà conferma ai suoi dubbi sulla difficoltà del compito e la frustrazione avrà il sopravvento. **7b** • far svolgere il compito direttamente in coppie o in piccoli gruppi. Chiedere ad ogni gruppo di elaborare una regola possibile.

Conclusione ▸ in plenum chiedere ai gruppi di esporre le varie regole coinvolgendo tutti nel commento delle ipotesi proposte, fino a risolvere tutti i dubbi.

Soluzione ▸ *Eccezione:* Quando il passato prossimo con ausiliare *avere* è preceduto da un pronome diretto, il participio si accorda con il pronome. *Esempi:* **Mi** ha fermat<u>o</u> (io - Vincenzo), **L**'hai scrit<u>ta</u> (*la canzone*), **li** hai vis<u>ti</u> (*i piatti*).

> **Riquadro** | Il passato prossimo con il verbo *essere*
> Mostrare il riquadro grammaticale a pagina 20. La regola secondo cui il participio dei verbi con ausiliare *essere* si accorda con il soggetto è stata già studiata nell'unità 15 del primo volume di *Domani*. Dopo aver svolto l'analisi grammaticale del punto 7 è utile completare il quadro, aggiungendo la regola sull'accordo del participio nel passato prossimo di verbi riflessivi.

8 ▸ Gioco | Preparativi per il matrimonio

Obiettivo ▸ praticare l'accordo del participio con il pronome diretto, nel passato prossimo con ausiliare *avere*.

Procedimento ▸ Seguire le consegne dell'attività e le indicazioni dell'introduzione. È bene, prima di iniziare, che l'insegnante faccia, insieme ad uno studente, una simulazione della dinamica del gioco, in modo che quando gli studenti cominciano a lavorare in coppie saranno già entrati nel meccanismo.

Soluzione ▸ 1. ▪ Hai spedito gli inviti? ▫ No, li ha spediti Paolo.

2. ▪ Hai ordinato il bouquet? ▫ No, l'ha ordinato mia sorella.

3. ▪ Tua madre ha comprato le bomboniere? ▫ No, le ho comprate io.

4. ▪ Tuo padre ha pagato il ristorante? ▫ No, l'ha pagato mia madre.

5. ▪ Avete invitato Giulio? ▫ No, l'ha invitato mio fratello.

6. ▪ I tuoi genitori hanno comprato il vestito? ▫ Sì.

7. ▪ I nostri amici hanno preso indirizzo? ▫ Sì.

8. ▪ Tuo fratello ha invitato sua moglie? ▫ No, l'ho invitata io.

9. ▪ Abbiamo prenotato chiesa? ▫ Sì.

10. ▪ Tu e tua sorella avete chiamato il fotografo? ▫ No, l'ha chiamato Giulia.

11. ▪ Hai preparato la festa? ▫ No, l'ha preparata mio fratello.

12. ▪ Hai fatto la lista di nozze? ▫ Sì.

9 ▸ Parlare | Al matrimonio di Laura

Obiettivo ▸ sviluppare la capacità di produzione libera orale (raccontare una storia).

Procedimento ▸ dividere la classe in gruppi di tre studenti, quindi dare l'istruzione. Fare una simulazione della dinamica del gioco spiegando come, se sto raccontando e arriva la parola MELE, il

racconto può essere "(...) *Quando sono entrato in chiesa ho visto* un uomo che giocava con tre mele come un giocoliere..." . L'insegnante fa partire i racconti e dopo 3 minuti dice CAMBIO. Questa dinamica di gioco può essere usata anche in altre circostanze. Le volte successive l'attività riesce molto meglio.

---

unità 1 | w gli sposi!

attività finale

Procedimento ▸ seguire la procedura descritta nell'introduzione.
Soluzione ▸ Descrivere persone e situazioni *Capelli lunghi bianchi...*; Fare gli auguri e rispondere. *Buon anno!*

unità 2 | feste e tradizioni

comunicazione	grammatica	lessico	testi scritti e *orali*	cultura
Chiedere e dare il numero di telefono ▸ *Mi dai il tuo numero di telefono?* Chiedere l'età ▸ *Quanti anni hai?*	Il verbo *avere* (io, tu, lui / lei) I numeri da 0 a 100	Dati anagrafici	*Dialogo in treno*	Scambiare i dati anagrafici

1 ▸ Leggere | Quattro regioni
Trascrizione 🎧 5

Annalisa	Ah, finalmente!
Vincenzo	Ecco il nostro cantante preferito!
Stefano	Scusate ragazzi, è che Franco mi ha fermato a parlare. Sapete com'è fatto. Si è fissato con quel buffo signore laggiù!
Annalisa	Mio padre?
Euridice	Ah sì? Scusa, scusa Annalisa, non volevo...
Annalisa	Ma figurati! Papà è una persona molto particolare... è sempre al centro dell'attenzione. Ma è adorabile.
Euridice	Va be', dai. Allora? Come stai?
Annalisa	Devo dire la verità? Non capisco niente. Però il vostro concerto è stato fantastico. E quest'ultima canzone poi... è bellissima. L'hai scritta tu?
Stefano	Sì. È una canzone molto importante per me perché io ed Euridice ci siamo conosciuti proprio su queste note, in un pub a Firenze.
Vincenzo	Euridice ha una voce bellissima!
Stefano	Sì, sì è fantastica. Comunque cantare per voi è stata un'emozione unica. Grazie.
Annalisa	No no, grazie a te! Il vostro è stato sicuramente il regalo più simpatico ed originale che abbiamo ricevuto. Eh Vincenzo?
Vincenzo	Eh già...
Stefano	Perché? Avete avuto regali inutili?
Annalisa	Eh, si vede che non ti sei mai sposato eh!
Vincenzo	Pensa che ora abbiamo un centinaio di bicchieri, due aspirapolvere, due cellulari a testa, non so quanti tostapane e... forse... tre set di piatti?
Annalisa	No, no, sono quattro. Ci sono anche i piatti di Mirella, non li hai visti?
Vincenzo	Oh no!!!
Annalisa	Eh sì!!
Stefano	Forse dovevate fare una lista di nozze! Piuttosto, avete deciso dove andare in viaggio di nozze?
Vincenzo	Guarda, sembrerà strano... ma ancora no. Il prossimo mese siamo impegnati tutti e due per lavoro e quindi prima di settembre non possiamo partire.

Annalisa	E poi non è così facile. Io amo il mare e Vincenzo la montagna, bisognerebbe trovare un posto per tutti e due.
Stefano	Io un'idea ce l'avrei. Un posto fantastico, mare e montagna! Ci sono stato con Euridice il mese scorso e ci è piaciuto tantissimo!
Annalisa	E sarebbe?
Euridice	Vincenzo, Annalisa, venite qui sul palco per il brindisi ufficiale!
Stefano	Andiamo, poi vi dico.
Annalisa	Ok andiamo.
Vincenzo	Va bene. Però poi vogliamo sapere qual è questo posto, eh!
Stefano	Ma certo.

Obiettivo ▸ sviluppare la capacità di lettura (descrizioni di luoghi turistici).

Procedimento ▸ **1a** • far svolgere il compito individualmente e in silenzio invitando gli studenti ad aiutarsi, se necessario, con la cartina nel risvolto della copertina. **1b** • la domanda può essere posta in plenum dall'insegnante chiedendo: "Ricordate Annalisa e Vincenzo, i due sposi dell'ascolto? Secondo voi in quale di questi posti sono andati in vacanza?". Chiarire che la risposta è soggettiva ma che c'era un indizio nell'ascolto al matrimonio. Se nessuno risponde oppure se qualcuno risponde ma non è in grado di motivare la sua scelta, far ascoltare il brano audio in cui Stefano propone un posto che ha sia mare che montagna. Potrebbe quindi essere il Veneto (c'è Venezia e ci sono le Dolomiti) o la Liguria ("tra mare e montagna") . **1c** • proporre la discussione a gruppi di tre, quattro studenti. **1d** • far svolgere il compito direttamente nei gruppi del punto **1c**. Per svolgere il compito gli studenti dovranno tornare al testo alla ricerca dei riferimenti più o meno diretti agli eventi rappresentati nelle foto e descritti nelle didascalie. L'attività può diventare più interessante se c'è la possibilità di far lavorare i gruppi con un computer connesso a internet per fare delle ricerche. **1e** • riunire la classe per una piccola chiacchierata in plenum che chiuda la sequenza di attività.

Soluzione ▸ 1a • a. Umbria, b. Puglia, c. Veneto, d. Liguria.

1b • Veneto o Liguria (poi si saprà che sono andati in Liguria).

1d • 1. Liguria (la festa è una sfilata di carri fioriti che si svolge tutti gli anni a Ventimiglia nella seconda metà del mese di giugno); 2. Umbria (la festa si tiene ad Assisi ogni primo giovedì, venerdì e sabato dopo il 1° maggio di ogni anno, per festeggiare la primavera); 4. Veneto (la regata è una vera e propria gara tra imbarcazioni a remi d'epoca che si svolge a Venezia lungo il Canal Grande la prima domenica di settembre); 5. Puglia (un festival di musica popolare del Salento che si svolge in vari comuni della provincia di Lecce e della Grecìa Salentina). Al n° 3 è raffigurato il Palio di Siena, che si svolge in Toscana, a Siena appunto, ed è una gara di cavalli tra le varie zone (contrade) della città. Si svolge due volte l'anno: a luglio e ad agosto.

2 ▸ Analisi lessicale | Gustare, assaggiare, provare.

Obiettivo ▸ riflettere sul significato di alcuni verbi (gustare, assaggiare, provare, ecc.)

Procedimento ▸ 2a • spiegare che bisogna proporre delle sostituzioni cercando di cambiare il meno possibile il senso della frase. **2b** • far lavorare a coppie, facendo discutere gli studenti sulle scelte fatte. Rassicurarli spiegando che in alcuni casi le differenze di significato tra un verbo e l'altro riguardano sfumature che non sempre possono essere colte a questo livello.

Conclusione ▸ è possibile chiudere l'attività con un confronto in plenum, risolvendo gli eventuali dubbi degli studenti.

Soluzione ▸ 2a • **gustare** il migliore olio: → sì provare / assaggiare; **provare** i piaceri della dolcissima cioccolata: → sì gustare; **meritare** una visita: no; **produrre** un ottimo vino: no; **assaggiare** il pesto alla genovese: → sì gustare, provare.

3 ▸ Analisi grammaticale | I superlativi

Obiettivo ▸ scoprire le regole principali sui superlativi.

Procedimento ▸ 3a • seguire le consegne dell'attività e le indicazioni dell'introduzione. Far svolgere il compito dicendo di lasciare in bianco gli spazi dove non è presente una riga. Gli studenti dovranno inserire solamente gli aggettivi e i superlativi presenti nel testo. Se necessario proporre un confronto a coppie prima di procedere con il prossimo punto. **3b** • mettere gli studenti in coppie, faccia a faccia. Far aprire il libro ad uno studente a pagina 139, all'altro a pagina 140. Ogni studente ha 3 minuti per completare individualmente la tabella (se la classe ha un livello che lo consente è possibile omettere questa fase), poi inizia il gioco, come descritto nell'istruzione. Dire chiaramente agli studenti che in caso di ipotesi sbagliata l'altro studente non deve dare la soluzione ma si deve limitare a dire "No, sbagliato". La casella resta libera e lo studente può riprovare successivamente. **3c** • far svolgere il lavoro individualmente dando l'istruzione (collegare le due espressioni evidenziate, una a "Veneto", l'altra a "Italia") e senza aggiungere altro. A quegli studenti che chiedono secondo quale criterio devono fare il collegamento, dite che lo devono decidere loro. Se ci sono studenti con dubbi o studenti che non sono riusciti a trovare un

criterio, farli lavorare in coppie o piccoli gruppi. Quindi riportare in plenum e commentare le ipotesi di ogni gruppo.

Soluzione ▸ 3a

	aggettivo	superlativo relativo	superlativo assoluto
1		il più importante	importantissimo
2	dolce		dolcissima
3		le più antiche	antichissime
4	vicina	la più vicina	
5		la più conosciuta	conosciutissima
6	bella	la più bella	
7		la più particolare	particolarissima
8	buona	la più buona	buonissima
9	famose		famosissime

3b • 1. importante, 2. la più dolce, 3. antica, 4. vicinissima, 5. conosciuta, 6. bellissima, 7. particolare, 9. le più famose.

3c • "una delle zone più ricche del nostro Paese" → 2 (la struttura **uno dei (una delle) + nome + più / meno + aggettivo + di** serve per evidenziare le qualità di qualcuno o qualcosa all'interno di un gruppo di cose o persone. In questo caso si vuole evidenziare il fatto che il Veneto è la regione più ricca d'Italia insieme ad altre regioni, come Lombardia e Lazio); "la più conosciuta località della regione" → 1 (il superlativo relativo esprime il grado massimo di una qualità in relazione a qualcosa. In questo caso si vuole evidenziare il fatto che Venezia è la citta più conosciuta in relazione alla regione Veneto).

Riquadro | Buono

Mostrare il riquadro grammaticale a pagina 25 per evidenziare le possibilità di formare i superlativi dell'aggettivo *buono* in modo sia regolare che irregolare.

---

4 ▸ Gioco | Tradizioni e prodotti tipici d'Italia

Procedimento ▸ dividere la classe in squadre di 3-4 studenti, ogni gruppo gioca utilizzando un solo libro. Poi seguire le consegne dell'attività e le indicazioni dell'introduzione.

Soluzione ▸ Il Carnevale di Venezia è il più importante carnevale italiano; Calendimaggio è una festa tradizionale; Le mele del Trentino sono mele dolcissime; La Regata storica di Venezia è una delle più belle manifestazioni italiane; La partita degli scacchi viventi di Marostica è una tradizione interessante; La battaglia dei fiori di Ventimiglia è una festa coloratissima; La pasta è la più tipica specialità italiana; Il Palio di Siena è il più popolare palio italiano; Il Calcio storico fiorentino è uno sport antichissimo; Il vino veneto è un vino buonissimo; La Notte della Taranta è un evento musicale; Il prosciutto di Parma è il più famoso prosciutto italiano; La Corsa dei Ceri è una festa popolarissima; L'olio umbro è il più buono / il migliore olio italiano; Il formaggio sardo è uno dei più saporiti formaggi italiani; La festa siciliana del Muzzuni è la più antica festa italiana; La soppressata calabrese è una specialità piccantissima; La mozzarella di bufala è la più conosciuta mozzarella italiana.

5 ▸ Analisi grammaticale | Gli avverbi di tempo con il passato prossimo

Obiettivo ▸ scoprire la regola sulla posizione dell'avverbio nel passato prossimo.

Procedimento ▸ **5a/5b** • seguire le consegne dell'attività e le indicazioni dell'introduzione. Se necessario fare un confronto a coppie.

Soluzione ▸ **5a** • 1. in mezzo al passato prossimo; 2. in mezzo al passato prossimo; 3. in mezzo al passato prossimo. **5b** • in mezzo.

6 ▸ Scrivere | Il mio Paese

Obiettivo ▸ sviluppare la capacità di produzione scritta (convincere un'altra persona a visitare il tuo Paese).

Procedimento ▸ seguire le consegne dell'attività e le indicazioni dell'introduzione.

attività finale

Procedimento ▸ seguire la procedura descritta nell'introduzione.

Soluzione ▸ I verbi **gustare**, provare, *assaggiare*, ecc.; I superlativi di **buono**; Gli avverbi *già*, *mai*, **ancora** e *sempre* con il passato prossimo.

unità 3 | al ristorante

comunicazione	grammatica	lessico	testi scritti e *orali*	cultura
Prenotare un tavolo ► *Senta, c'è un tavolo per due persone?*	I comparativi	Tipi di cibo e di alimenti	*Dialogo al ristorante* 🎧	Piatti tipici
Ordinare al ristorante ► *Prendo la zuppa*		I pasti e le portate	Il menu	I pasti in Italia
Chiedere informazioni su un piatto ► È *sicuro che non ci sia la carne?*		I nomi dei piatti		Regole di comportamento al ristorante
Chiedere il conto ► *Ci porti subito il conto, per favore*		Formule tipiche al ristorante		
Fare paragoni ► *La zuppa di pesce è certamente più caratteristica delle fettuccine*				

1 ► Ascoltare | Al ristorante

Trascrizione 🎧 6

Annalisa	Nooo... Che peccato!
Vincenzo	Ascolti...
Cameriere	Ah... Auguri!
Cameriere	D'accordo, d'accordo, ho capito. Vediamo cosa posso fare.... Dunque...
Annalisa	Lì? Ma siamo vicino al bagno... E poi non c'è la vista mare...
Annalisa	Oddio quanto è stretto! Va bene che sono magra, però...
Vincenzo	Quante cose buone... Uuummm...
Annalisa	C'è il prosciutto e il salame!
Cameriere	Si, ma vi dico io cosa c'è, così facciamo prima...
Annalisa	È sicuro che non c'è la carne?
Vincenzo	No guardi, per ora ordiniamo solo i primi, poi vediamo se prendere anche i secondi.

Trascrizione 🎧 7

Cameriere	Buonasera signori.
Annalisa	Buonasera.
Vincenzo	Buonasera. Senta, c'è un tavolo per due persone?
Cameriere	Avete prenotato?
Vincenzo	Veramente no.
Cameriere	Mmmh, allora è difficile... Oggi siamo al completo.
Annalisa	Nooo... Che peccato!
Vincenzo	Ascolti, siamo venuti fino a qui perche ci hanno detto che questo è il miglior ristorante delle Cinque Terre.

Cameriere	Beh, in effetti.
Vincenzo	E poi, c'è anche un altro motivo: io e mia moglie siamo in viaggio di nozze.
Cameriere	Ah... Auguri!
Vincenzo	Grazie. Quindi... Sia gentile, ci trovi un posto, per favore.
Cameriere	D'accordo, d'accordo, ho capito. Vediamo cosa posso fare.... Dunque... Guardi... posso mettervi un tavolo lì.
Vincenzo	Lì? Va beh... Benissimo. Che dici cara?
Annalisa	Lì? Ma siamo vicino al bagno... E poi non c'è la vista mare...
Vincenzo	Eh sì, non c'è la vista mare... Noi veramente pensavamo a qualcosa di più romantico...
Cameriere	Eh, lo so, lo so, ma se non c'è posto...
Annalisa	Per favore...
Cameriere	Un momento eh, mi faccia vedere... Sì.... Allora... Ci sarebbe quel tavolo lì. È prenotato dalle 9, ora sono le 8.... Per un'ora è libero. Ma alle 9 arriva un altro cliente...
Vincenzo	Abbiamo un'ora... Va be'... Mettiamoci lì. Dai, cara, va bene?
Annalisa	Se non c'è niente di meglio... D'accordo...(*si spostano al tavolo*)
Cameriere	Prego, accomodatevi.
Vincenzo	Grazie.
Annalisa	Oddio quanto è stretto! Va bene che sono magra, però...
Cameriere	Signora... Altri posti non ci sono... Mi dispiace...
Annalisa	È strettissimo.
Vincenzo	È un po' stretto, sì.
Cameriere	Ecco! Questi sono gli antipasti...
Annalisa	Antipasti? Ma non abbiamo ancora ordinato...

Cameriere	Sì, lo so... ma sono gli antipasti della casa... Li portiamo sempre.
Vincenzo	Ah, che gentili però eh? E che velocità!
Cameriere	Eh sì, modestamente.
Vincenzo	Quante cose buone... Uuummm.
Annalisa	C'è il prosciutto e c'è il salame... Io non li mangio...
Cameriere	Come?
Annalisa	C'è il prosciutto e il salame!
Vincenzo	Sì, guardi: mia moglie è vegetariana... Non mangia carne.
Cameriere	D'accordo, ora lo cambiamo. Da bere cosa prendete?
Annalisa	Prima di tutto dell'acqua... Sto morendo di sete...
Cameriere	Naturale o gassata?
Annalisa	Naturale grazie.
Cameriere	Bene. (rivolgendosi a un altro cameriere) Mario? Una bottiglia d'acqua naturale al 15. (rivolgendosi di nuovo ai due sposi) Ora arriva l'acqua, signora... Volete ordinare subito?
Vincenzo	Non so... C'è un menu?
Cameriere	Sì, ma vi dico io cosa c'è, così facciamo prima.
Vincenzo	Va be'... Sentiamo.
Cameriere	Allora... Come primi oggi abbiamo: zuppa di pesce, fettuccine al ragù, spaghetti alle vongole, tagliolini in brodo con scaglie di pollo...
Annalisa	Ma sono tutti primi con la carne... Non c'è niente per vegetariani?
Cameriere	Giusto... Senza carne abbiamo dei ravioli al sugo.
Annalisa	È sicuro che non c'è la carne?
Cameriere	Certo signora, sono con la ricotta e gli spinaci.
Annalisa	Bene, allora per me i ravioli.
Vincenzo	Io invece sono indeciso tra la zuppa e le fettuccine al ragù. Che cosa mi consiglia?
Cameriere	Beh, la zuppa di pesce è certamente piu caratteristica delle fettuccine al ragù. È la nostra specialita.
Vincenzo	Sarà un po' pesante però...
Cameriere	No, sicuramente è meno pesante delle fettuccine al ragù. E fatta con vari tipi di pesce, tutto freschissimo naturalmente.
Vincenzo	D'accordo... Prendo la zuppa.
Cameriere	E i secondi? Volete ordinarli subito?
Vincenzo	No, no, non so, forse no, vero?
Cameriere	Abbiamo un'ottima frittura di calamari e gamberi, baccalà alla genovese, grigliata di carne, arrosto di tacchino... E come contorni: carciofi in umido, patate arrosto.
Vincenzo	No guardi, per ora ordiniamo solo i primi, poi vediamo se prendere anche i secondi...
Cameriere	Va bene, come volete. E da bere? Vino bianco o rosso?
Vincenzo	A me piace il rosso ma con il pesce è meglio bere vino bianco. Quindi bianco. Grazie.

Obiettivo ▸ sviluppare la competenza di ascolto (ordinazioni ad un ristorante).

Procedimento ▸ **1a** • seguire le istruzioni e invitare con convinzione gli studenti ad usare l'immaginazione. Può essere utile far ascoltare le frasi più di una volta. **1b** • far ascoltare il dialogo completo e dare del tempo alle coppie del punto **1a** di verificare la storia immaginata in precedenza. **1c/1d/1e** • far svolgere questi compiti individualmente e poi, se necessario, proporre di volta in volta dei confronti a coppie.

Soluzione ▸ **1c** • 1. lui / lei; 2. un altro cliente; 3. lui / lei; 4. un altro cliente; 5. lei; 6. lui; 7. lei; 8. cameriere. **1d** • P - *Tagliolini in brodo con scaglie di pollo*; P - Zuppa di pesce; P - Spaghetti alle vongole; P - Ravioli di ricotta e spinaci; P - Fettuccine al ragù; C - Carciofi in umido; C - Patate arrosto; S - Baccalà alla genovese; S - Arrosto di tacchino; S - Grigliata di carne; S - Frittura di calamari e gamberi. **1e** • 1 bottiglia di acqua naturale - Ravioli al sugo (ricotta e spinaci) - Zuppa di pesce - Vino bianco.

> ### Riquadro | I pasti
> Far riflettere gli studenti su quali siano le abitudini riguardo al cibo nel loro Paese. Far fare in coppie un confronto tra le abitudini italiane, descritte nel riquadro, e quelle del loro Paese. In classi miste può essere carino far fare un cartellone con le ore della giornata e le diverse abitudini nei vari Paesi.

2 ▸ Gioco | Cosa hai ordinato?

Obiettivo ▸ fissare i nomi di alcuni piatti tipici italiani.

Procedimento ▸ seguire le consegne dell'attività e le indicazioni dell'introduzione. È bene, prima di iniziare, che l'insegnante faccia, insieme ad uno studente, una simulazione della dinamica del gioco utilizzando l'esempio, in modo che quando gli studenti cominciano a lavorare in coppie saranno già entrati nel meccanismo.

Soluzione ▸ **Studente A** • Primi di carne e verdure: Lasagne; Primi di pesce: *Zuppa di pesce*, Spaghetti alle vongole; Secondi di carne e verdure: Arrosto di tacchino; Secondi di pesce: Grigliata di pesce; Contorni: Patate arrosto, Insalata mista; Dolci: Torta al cioccolato, Gelato. **Studente B** • Primi di carne e verdure: *Ravioli ricotta e spinaci*; Fettuccine ai funghi; Primi di pesce: Risotto di mare; Secondi di carne e verdure: Grigliata di carne; Secondi di pesce: Baccalà alla genovese; Contorni: Insalata verde, Carciofi in umido; Dolci: Crème Caramel, Tiramisù.

3 ▸ Analisi grammaticale | Fare paragoni
Trascrizione 🎧8

Vincenzo	Io invece sono indeciso tra la zuppa e le fettuccine al ragù. Che cosa mi consiglia?
Cameriere	Beh, la zuppa di pesce è certamente più caratteristica delle fettuccine al ragù. È la nostra specialità.
Vincenzo	Sarà un po' pesante però...
Cameriere	No, sicuramente è meno pesante delle fettuccine al ragù. È fatta con vari tipi di pesce, tutto freschissimo naturalmente.

Obiettivo ▸ scoprire la regola dei comparativi.

Procedimento ▸ 3a • seguire le consegne dell'attività.

3b • seguire le consegne dell'attività e poi proporre un confronto a coppie o in plenum con tutta la classe.

Soluzione ▸ 3a • *Cosa è più caratteristico per il cameriere?* La zuppa di pesce. *Cosa è meno pesante per il cameriere?* La zuppa di pesce. 3b • di (la zuppa di pesce è certamente più caratteristica **delle** fettuccine al ragù / sicuramente è meno pesante **delle** fettuccine al ragù).

Riquadro | Al ristorante

Far riflettere gli studenti su quali siano le abitudini riguardo al ristorante nel loro paese. Far fare in coppie un confronto tra le abitudini italiane, descritte nel riquadro, e quelle del loro Paese.

---

4 ▸ Esercizio | Comparativi

Obiettivo ▸ praticare l'uso dei comparativi.

Procedimento ▸ risolvere eventuali problemi di comprensione riguardo ai termini dello schema, poi far svolgere individualmente la prima parte del compito chiedendo agli studenti di fare una classifica degli alimenti nelle immagini secondo l'aggettivo indicato. Quindi mettere gli studenti in coppie, uno di fronte all'altro, con il libro davanti. Mostrare l'esempio e far svolgere l'esercizio.

Soluzione ▸ la soluzione è soggettiva.

5 ▸ Analisi lessicale | Avete prenotato?

Obiettivo ▸ acquisire alcune formule per chiedere un tavolo al ristorante e fare ordinazioni.

Procedimento ▸ 5a • far svolgere il compito individualmente e poi proporre un confronto a coppie. 5b • Far svolgere il compito individualmente o direttamente nelle stesse coppie che sono state formate al punto 5a. Spiegare bene cosa devono fare: trovare quali sono le domande che hanno la funzione di risposta alle due domande senza risposta del punto precedente.

Soluzione ▸ 5a • 1. CL. Senta, c'è un tavolo per due persone? SENZA RISPOSTA. 2. CA. *Avete prenotato? Veramente no.* 3. CA. Da bere cosa prendete? Prima di tutto dell'acqua. 4. CA. Naturale o gassata? Naturale, grazie. 5. CA. Volete ordinare subito? SENZA RISPOSTA. 6. CL. C'è un menu? Sì, ma vi dico io cosa c'è. 7. CL. Non c'è niente per vegetariani? Senza carne abbiamo dei ravioli al sugo. 8. CL. Che cosa mi consiglia? La zuppa di pesce è certamente più caratteristica delle fettuccine al ragù. 9. CA. Vino bianco o rosso? A me piace il rosso. 5b • La risposta alla domanda 1 è la domanda 2 (Avete prenotato?). La risposta alla domanda 5 è la domanda 6 (C'è un menu?).

6 ▸ Parlare | Al ristorante

Obiettivo ▸ sviluppare la capacità di produzione orale (fare e prendere le ordinazioni ad un ristorante).

Procedimento ▸ seguire le consegne dell'attività e le indicazioni dell'introduzione.

7 ▸ Ascoltare e parlare | Ecco i vostri piatti
Trascrizione ◉ 9

Cameriere	Ecco i vostri piatti. La zuppa...
Vincenzo	Per me, grazie... Uuuuhhh, che profumo!
Cameriere	...e i ravioli per la signora.
Annalisa	Grazie.... Ma... scusi?
Cameriere	Sì? Mi dica.
Annalisa	Questi sarebbero i ravioli con la ricotta e gli spinaci?
Cameriere	Certo, perchè?
Annalisa	Perchè veramente questi sono con la carne.
Cameriere	Con la carne dice? Un attimo, mi faccia vedere. Mmhh, buono!
Annalisa	Ma che fa, assaggia?
Vincenzo	Non lo so...
Cameriere	Eh sì però... ha ragione... Questa è proprio carne... Ma... un momento... che giorno è oggi?
Annalisa	Sabato, perché?
Cameriere	Sabato? Ah, ora è tutto chiaro.
Annalisa	Chiaro cosa?
Cameriere	Eh, mi sono sbagliato, i ravioli con la ricotta ci sono il giovedì, il sabato sono quelli al sugo di lepre. Mi dispiace.
Annalisa	E ora? Le ho detto che sono vegetariana!
Cameriere	Sì sì... certo... Vediamo... Allora.... Le posso portare delle fettuccine ai funghi, possono andar bene?
Annalisa	Ai funghi? Non è che c'è la carne anche lì?
Cameriere	Ma no, sono fettuccine ai funghi, ci sono solo funghi... Stia tranquilla...
Annalisa	E va bene...
Cameriere	Perfetto. Dieci minuti e sono pronte.
Annalisa	Ma roba da pazzi... Che dici, ce ne andiamo?
Vincenzo	Ma no, dai... Non esagerare...
Annalisa	Esagero? Ma non hai visto che tipo?
Vincenzo	Sì, è un tipo un po' strano. Però, qui è bello... Dove lo trovi un altro posto a quest'ora di sabato sera? E poi, guarda, questa zuppa è buonissima...
Annalisa	Va bene, va bene... hai sempre ragione tu.

Trascrizione ◉ 10

Cameriere	Ecco, signora: visto? Dieci minuti esatti! Queste sono le sue fettuccine... Senta che profumino. Eh? (*Silenzio*) Che c'è... Perché mi guarda cosi?
Annalisa	Ma scusi.
Cameriere	Sì?
Annalisa	Ma scusi... Nooo!
Cameriere	Signora, cosa c'è?
Annalisa	Questa cosa rossa secondo Lei che cos'è?
Cameriere	Questa?
Annalisa	Sì questa.

Cameriere	...Salsiccia?
Annalisa	Esatto!! È pieno di salsiccia!
Cameriere	Pieno? Pieno no... Qualche pezzetto...
Annalisa	Qualche pezzetto...
Cameriere	Sì, ma possiamo toglierla... Guardi, se mi dà un attimo il piatto la tolgo subito, non si preoccupi... Ecco... guardi.
Annalisa	Scusi, ma che fa? Sta scherzando?
Cameriere	Ci vuole un attimo....
Annalisa	Si fermi! Vincenzo? Digli qualcosa anche tu!
Vincenzo	Senta... Ora basta però eh?! Io e mia moglie ne abbiamo abbastanza.
Annalisa	Andiamo via. Io non voglio rimanere un secondo di più in questo posto!
Vincenzo	Sì, hai ragione. Certo. Senta, ci porti subito il conto per favore.
Cameriere	E va bene, vi porto il conto. Ma quante storie per un po' di salsiccia!

Obiettivo ▸ sviluppare la competenza di ascolto e di produzione orale (controversie al ristorante).

Procedimento ▸ 7a/7b • far svolgere i compiti individualmente, poi far confrontare a coppie. 7c • se necessario far ascoltare ancora la traccia 9, quindi formare i gruppi di tre studenti e dare almeno dieci minuti per la preparazione. Quindi invitare i gruppi a recitare la scenetta. In classi molto numerose si può assegnare un numero ad ogni gruppo e poi estrarre a sorte tre o quattro gruppi che dovranno fare la rappresentazione. 7d • seguire le istruzioni dell'attività.

Soluzione ▸ 7a • c, e, d, g, b. 7a • *1 bottiglia di acqua naturale -* ~~Ravioli al sugo (ricotta e spinaci)~~ Fettuccine ai funghi - *Zuppa di pesce - Vino bianco.*

unità 3 | al ristorante

attività finale

Procedimento ▸ seguire la procedura descritta nell'introduzione.

Soluzione ▸ Prenotare un tavolo ▸ *Senta, c'è un tavolo per due persone?*; Ordinare al ristorante ▸ *Prendo la zuppa*; Chiedere informazioni su un piatto ▸ *È sicuro che non ci sia la carne?*; Chiedere il conto ▸ *Ci porti subito il conto, per favore*; Fare paragoni ▸ *La zuppa di pesce è certamente più caratteristica delle fettuccine.*

PAGINA DELLA FONETICA

La soluzione è nel DVD rom.

STORIA A FUMETTI

episodio uno

Il fumetto è un affresco degli ultimi sessant'anni della storia d'Italia, vista attraverso gli occhi del protagonista, Mauro, la cui vita, ripercorsa in flashback, si intreccia con i principali avvenimenti storici del nostro Paese. In questo primo episodio vengono presentati i personaggi e la situazione. Mauro è raffigurato nel giorno del suo matrimonio, all'età di 63 anni. Alla festa sono presenti tutti i suoi cari, i figli, i genitori ormai anziani... Il padre, racconta Mauro, è un ex partigiano che ha combattuto durante la Seconda Guerra Mondiale contro Mussolini e i fascisti e poi, quando l'Italia è stata invasa dall'esercito tedesco, contro i nazisti. Un uomo coraggioso che ha contribuito alla liberazione dell'Italia da parte dell'esercito americano. Alla fine della guerra, racconta sempre Mauro, il padre ha conosciuto la donna della sua vita. Dalla loro unione, nel 1948, è nato Mauro. Sono gli anni del dopoguerra, della ricostruzione e della speranza. Mauro li ricorda con nostalgia: la sua è stata un'infanzia felice. Un ricordo speciale riguarda Chicco, il compagno di giochi preferito di Mauro bambino, che nel corso degli anni diventerà il suo migliore amico.

modulo due | storia

---

unità 4 | come eravamo

comunicazione	grammatica	lessico	testi scritti e *orali*	cultura
Descrivere situazioni passate ▸ *Qualcuno metteva anche il cappello* Descrivere l'abbigliamento ▸ *Alcune ragazze portavano colorate gonne a fiori*	L'imperfetto	Capi di abbigliamento	L'abbigliamento negli anni '70 L'abbigliamento negli anni '80	La destra e la sinistra in Italia L'abbigliamento

1 ▸ Introduzione
Obiettivo ▸ introdurre il tema dell'unità (le epoche storiche e le relative mode, l'abbigliamento come espressione di un'epoca) facendo leva sulle conoscenze pregresse degli studenti.

Procedimento ▸ far svolgere il compito prima individualmente, poi in piccoli gruppi. Invitare gli studenti a esporre le ipotesi ai compagni discutendo il perché delle scelte.

Soluzione ▸ foto 1 • 1945-1960
foto 2 • 1970-1978
foto 3 • 1960-1970
foto 4 • 1925-1945
foto 5 • 1990-oggi
foto 6 • 1960-1970 (ma anche 1970-1978)
foto 7 • 1978-1990
foto 8 • 1900-1925
foto 9 • 1960-1970

2 ▸ Leggere | Moda e politica
Obiettivo ▸ sviluppare la capacità di lettura (farsi un'idea del rapporto tra moda e politica negli anni '70).

Procedimento ▸ **2a** • seguire le consegne dell'attività e le indicazioni dell'introduzione. **2b** • far svolgere il compito prima individualmente, poi passare a un confronto a coppie.

Soluzione ▸ **2a** • foto 2. **2b** • **disegno 1** • abbigliamento di sinistra, **disegno 2** • abbigliamento di sinistra, **disegno 3** • abbigliamento maschile di destra, **disegno 4** • abbigliamento di sinistra, **disegno 5** • abbigliamento maschile di destra, **disegno 6** • / , **disegno 7** • abbigliamento femminile di destra.

Riquadro | La destra e la sinistra in Italia
A questo punto si può introdurre il riquadro sulla politica italiana. L'insegnante può integrare con altre informazioni su richiesta degli studenti, oppure si può far fare una ricerca a casa su internet sulla situazione politica oggi (principali partiti, governo, ecc). Nella lezione successiva ogni gruppo potrebbe produrre un cartellone con lo schema del Parlamento italiano diviso per partiti e collocazione (destra, sinistra, centro). In caso di classi miste si possono far confrontare gli studenti sulla situazione politica nei rispettivi Paesi.

3 ▸ Analisi lessicale | L'abbigliamento
Obiettivo ▸ acquisire il lessico relativo all'abbigliamento.

Procedimento ▸ seguire le consegne dell'attività.

Soluzione ▸ giacca (disegno 5), camicia (disegno 5 e disegno 7), cravatta (disegno 5), maglione nero a collo alto (disegno 3), gonna (disegno 4 e disegno 7), borsa (disegno 7), scarpe (tutti i disegni tranne l'ultimo), pantaloni (disegno 1, 2, 3, 5, nel disegno 6 sono dei bermuda), maglietta (disegno 2, disegno 4 e disegno 6), gonne a fiori (disegno 4), eskimo (disegno 1), giubbotto (disegno 1), tasche (nell'eskimo del disegno 1, ma sono in parte visibili anche nei pantaloni del disegno 3, nella giacca del disegno 5 e nei bermuda del disegno 6).

4 ▸ Esercizio | L'abbigliamento
Obiettivo ▸ praticare e fissare il lessico relativo all'abbigliamento.

Procedimento ▸ far svolgere il compito prima individualmente, poi passare a un confronto a coppie.

Soluzione ▸ 1 pantaloni, 2 minigonna, 3 maglietta, 4 maglione, 5 giacca, 6 camicia, 7 cravatta, 8 giacca, 9 pantaloni, 10 cappotto, 11 giubbotto, 12 scarpe, 13 borsa.

5 ▸ Gioco | Il domino dell'imperfetto

Obiettivo ▸ imparare a riconoscere le forme dell'imperfetto.
Procedimento ▸ 5a • seguire le consegne dell'attività.
  5b • prima di iniziare la fase faccia a faccia, fare un esempio dello svolgimento del gioco, usando uno studente. Variante: per rendere il gioco più difficile, si può chiedere agli studenti di specificare, per ogni imperfetto, anche il soggetto e l'infinito. Esempio: *usavano, loro, usare.*
Soluzione ▸ *usavano, comprendeva,* usavano, metteva, era, preferivano, avevano, era, indossavano, portavano, indicava, era, era, era, poteva, doveva, dipendeva, permettevano.

6 ▸ Analisi grammaticale | L'imperfetto

Obiettivo ▸ imparare la coniugazione dell'imperfetto e riflettere su alcune delle sue funzioni.
Procedimento ▸ 6a • seguire le consegne dell'attività e le indicazioni dell'introduzione. 6b/6c • in queste fasi dell'attività gli studenti sono indotti a riflettere su alcuni aspetti funzionali dell'imperfetto. Si sono scelte descrizioni d'uso molto connotate emotivamente (nostalgia, tristezza...), questo nella convinzione che un tempo verbale non ha solo una valenza grammaticale, ma anche un portato emotivo.
Soluzione ▸ 6a • *usare:* tu usavi, voi usavate; *mettere:* io mettevo, tu mettevi, noi mettevamo; *preferire:* noi preferivamo, voi preferivate; *essere:* tu eri, loro erano; *avere:* lui aveva, voi avevate.
  6b • le scelte possibili sono varie, alcune molto classiche (situazione, descrizione, passato, ricordo, racconto), altre meno "grammaticali" ma comunque accettabili, se adeguatamente motivate (nostalgia, tristezza, e, in un senso molto ampio, anche nuova informazione e azione).

7 ▸ Gioco | L'oca dell'imperfetto

Obiettivo ▸ costruire frasi elementari con l'imperfetto.
Procedimento ▸ mettere gli studenti in gruppi, ogni gruppo gioca utilizzando un solo libro. Poi seguire le consegne dell'attività e le indicazioni dell'introduzione.

8 ▸ Parlare | Ricordi

Obiettivo ▸ sviluppare la capacità di produzione orale (parlare di come ci si vestiva nel passato).
Procedimento ▸ seguire le consegne dell'attività e le indicazioni dell'introduzione. In caso di studenti molto giovani si può chiedere di parlare di come si vestivano da bambini, di come si vestivano i loro amici o i loro genitori, ecc.

---

attività finale

Procedimento ▸ seguire la procedura descritta nell'introduzione.
Soluzione ▸ Il contenuto intruso è: L'espressione *un sacco di.*

unità 5 I io mi ricordo...

comunicazione	grammatica	lessico	testi scritti e *orali*	cultura
Raccontare eventi passati ▸ *A un certo punto ho sentito un grido*	L'imperfetto	Aggettivi per descrizione fisica e psicologica e contrari	*Telefonata alla radio* 🎧	Il calcio in Italia
Descrivere l'aspetto fisico e il carattere ▸ *Avevano una faccia bruttissima*	Il passato prossimo e l'imperfetto	L'espressione *un sacco di*	Descrizioni di personaggi	Personaggi della cultura e della storia d'Italia
	I connettivi *allora, ma, mentre, ecc.*		Breve storia d'Italia	
	Le espressioni di tempo *dieci anni fa, l'anno scorso, ecc.*			

1 ▸ Ascoltare | Domani è un altro giorno

Trascrizione 🎧 11

Conduttore	Sono le 16 e 15, questa è Radio 101, e voi siete all'ascolto di "Domani è un altro giorno". Vi ricordo che il tema di oggi è: chiedere scusa. Dovete chiedere scusa a qualcuno e non l'avete ancora fatto? C'è un episodio del passato, qualcosa di brutto che avete fatto o di cui non andate orgogliosi e per cui non avete chiesto scusa? Ecco, oggi è l'occasione giusta per farlo. Allora amici, chiamateci e raccontateci la vostra storia. Prendiamo la prima telefonata. Pronto, chi sei?
Giacomo	Ciao, sono Giacomo.
Conduttore	Ciao Giacomo. Da dove chiami?
Giacomo	Da Rieti.
Conduttore	Rieti, Rieti nel Lazio. Sì. Allora, a chi vuoi chiedere scusa, Giacomo?
Giacomo	Voglio chiedere scusa a un mio compagno di scuola.
Conduttore	Senti Giacomo, tu quanti anni hai?
Giacomo	38.
Conduttore	Quindi è un episodio che è successo un sacco di tempo fa.
Giacomo	Sì, avevo 9 anni.
Conduttore	Allora trent'anni fa. Circa.
Giacomo	Sì, nel 1982 precisamente. Lo ricordo bene perche è l'anno in cui l'Italia ha vinto i mondiali di calcio.
Conduttore	Certo, come no... Il nostro quarto mondiale.
Giacomo	No, veramente è stato il terzo, il quarto lo abbiamo vinto nel 2006.
Conduttore	Ah d'accordo... sai, io di calcio non sono molto esperto. Ma comunque... a parte i mondiali di calcio, qual è la tua storia?
Giacomo	No, scusa, lo voglio precisare perche quello che racconto riguarda anche i mondiali di calcio.
Conduttore	Ok, dai racconta.
Giacomo	Allora, era l'estate del 1982, luglio... faceva

	caldissimo. Ed era domenica, proprio il giorno della vittoria dell'Italia. Alla fine dell'ultima partita tutta la gente è scesa in strada a festeggiare.
Conduttore	Certo, questo me lo ricordo. In finale abbiamo battuto la Germania, giusto?
Giacomo	Sì, esatto. 3 a 1. Insomma, anch'io sono uscito, mi ricordo che avevo la bandiera dell'Italia in mano e urlavo, come tutti. A un certo punto ho sentito un grido, cioè... tutti gridavano... ma quello non era un grido uguale agli altri, sembrava più... più un pianto che un grido di gioia.
Conduttore	Ah...
Giacomo	Sì, cosi mi sono girato e in un angolo, in un punto un po' lontano dalla strada, ho visto tre bambini: un mio compagno di scuola e due bambini più grandi che non conoscevo. I due che non conoscevo davano dei pugni al primo. Mentre lo picchiavano gli prendevano anche la bandiera e la maglietta dell'Italia. Il mio compagno piangeva e chiedeva aiuto. Era spaventato.
Conduttore	Mmmmm... E tu che hai fatto?
Giacomo	Io stavo lì immobile, non riuscivo a dire niente... Anch'io ero spaventato. Sai, quei due erano molto più grandi di me...
Conduttore	Ti capisco...
Giacomo	E poi facevano veramente paura... Ti dico... Avevano una faccia bruttissima, da veri cattivi...
Conduttore	Te li ricordi bene ancora oggi...
Giacomo	Sì, sì... Pensa che li ho sognati per anni... Una cosa soprattutto mi ricordo: erano tutti e due biondi, ma di un biondo quasi innaturale, come colorati con lo spray.
Conduttore	Un po' punk...
Giacomo	Esatto. E mi ricordo anche che il primo era tutto tatuato, aveva tatuaggi in tutto il corpo... L'altro no, ma era molto alto e robusto, a me sembrava enorme... Io invece da piccolo ero magro, timido,

	sembravo più piccolo della mia età.
Conduttore	E poi che è successo?
Giacomo	Insomma, stavo lì e non sapevo che fare... quando a un tratto ho sentito il mio nome: era mio padre che mi chiamava. Allora mi sono girato e sono andato via con lui, insieme a tutta la gente che festeggiava.
Conduttore	E tuo padre non si è accorto di niente?
Giacomo	No, lui non ha visto niente e io non gli ho detto niente.
Conduttore	Senti Giacomo, come si chiamava quel tuo compagno? L'hai più rivisto dopo quella volta?
Giacomo	Sì, certo. Si chiamava Antonio. Eravamo nella stessa scuola, spesso uscivamo insieme, insomma in un certo senso eravamo amici, ma non gli ho mai raccontato quell'episodio, mi vergognavo della mia mancanza di coraggio... Poi dopo la scuola ognuno è andato per la sua strada e non ci siamo più incontrati. Non lo vedo da circa vent'anni.
Conduttore	E ora ti piacerebbe chiedergli scusa dopo tanto tempo?
Giacomo	Sì, mi piacerebbe.
Conduttore	In realtà tu non vuoi chiedere scusa per qualcosa che hai fatto ma per qualcosa che non hai fatto. È così no?
Giacomo	Sì, perché non l'ho aiutato... Sai... È passato tanto tempo, può sembrare anche un piccolo episodio poco importante, e forse il mio compagno neanche si ricorda di quel giorno, io ho ripensato molte volte a quella domenica di tanti anni fa, e vorrei scusarmi con lui per il mio comportamento.
Conduttore	Ho capito. Oggi è arrivato il momento. Lo vogliamo chiamare?
Giacomo	Sì.
Conduttore	Allora dico alla regia di fare il numero di Antonio. Vi ricordo amici che siete all'ascolto di "Domani è un altro giorno", oggi il tema è "chiedere scusa". Stiamo parlando con Giacomo. Giacomo vuole chiedere scusa ad Antonio per un episodio di molti anni fa. Noi lo aiuteremo a farlo. Ecco... Pronto Antonio? Ciao... Sei in diretta su Radio 101.

Obiettivo ▸ sviluppare la competenza di ascolto (dialogo radiofonico tra conduttore e ascoltatore in merito a un episodio d'infanzia)

Procedimento ▸ 1a • seguire le consegne dell'attività e le indicazioni dell'introduzione. Sarà probabilmente utile procedere a uno o più confronti a coppie, per verificare la soluzione. 1b • procedere con le stesse modalità del punto precedente. 1C • seguire le consegne dell'attività e le indicazioni dell'introduzione (Parlare - produzione reale). È bene in ogni caso dare le istruzioni in modo chiaro e mettere gli studenti faccia a faccia. È inoltre meglio comunicare fin da subito il tempo di durata dell'attività (in questo

caso 10-15 minuti), chiarendo che per tutto il tempo dovranno sforzarsi di parlare solo in italiano.

Soluzione ▸ 1a • Giacomo è un ascoltatore della trasmissione "Domani è un altro giorno" che telefona perché vuole chiedere scusa a due suoi compagni di scuola che due bambini più grandi hanno picchiato. 1b • 38. 9. 33. 9. 18.

Riquadro | Il calcio

È possibile a questo punto introdurre il riquadro sul calcio e eventualmente chiedere agli studenti di fare una piccola ricerca su internet (da esporre nella lezione successiva) sugli avvenimenti correlati alle vittorie dell'Italia ai Campionati del Mondo (fascismo, anni di piombo, Calciopoli). In alternativa si può chiedere di fare una ricerca sulle principali squadre di calcio italiane, e di segnarne i nomi su una cartina d'Italia in corrispondenza delle relative città.

2 ▸ Analisi lessicale | Descrizione fisica e psicologica
Trascrizione 🔊 12

Giacomo	Il mio compagno piangeva e chiedeva aiuto. Era spaventato.
Conduttore	Mmmmm... E tu che hai fatto?
Giacomo	Io stavo lì immobile, non riuscivo a dire niente... Anch'io ero spaventato. Sai, quei due erano molto più grandi di me.
Conduttore	Ti capisco...
Giacomo	E poi facevano veramente paura... Ti dico... Avevano una faccia bruttissima, da veri cattivi...
Conduttore	Te li ricordi bene ancora oggi...
Giacomo	Sì, sì... Pensa che li ho sognati per anni... Una cosa soprattutto mi ricordo: erano tutti e due biondi, ma di un biondo quasi innaturale, come colorati con lo spray.
Conduttore	Un po' punk...
Giacomo	Esatto. E mi ricordo anche che il primo era tutto tatuato, aveva tatuaggi in tutto il corpo... L'altro no, ma era molto alto e robusto, a me sembrava enorme... Io invece da piccolo ero magro, timido, sembravo più piccolo della mia età.

Obiettivo ▸ sviluppare la competenza di ascolto e acquisire alcuni aggettivi utili per la descrizione fisica e psicologica.

Procedimento ▸ 2a • far ascoltare tutte le volte necessarie a svolgere il compito, procedendo ogni volta a un confronto a coppie. 2b • far svolgere il compito individualmente e procedere eventualmente a un confronto a coppie.

Conclusione ▸ è possibile chiedere agli studenti se conoscono altri aggettivi utili per descrivere una persona. Si può anche per ogni aggettivo cercare di individuare il suo contrario.

Soluzione ▸ 2a • timido / Giacomo, cattivo / Ragazzo 1 e Ragazzo

2, grande / Ragazzo 1 e Ragazzo 2, magro / Giacomo, robusto / Ragazzo 2, spaventato / Giacomo e Antonio, biondo / / Ragazzo 1 e Ragazzo 2, alto / Ragazzo 2, brutto / Ragazzo 1 e Ragazzo 2, tatuato / / Ragazzo 1. **2b** • estroverso / *timido*, basso / alto, grasso / magro, piccolo / grande, moro / biondo, debole / robusto, buono / cattivo, bello / brutto.

3 ▸ Gioco | Descrizione fisica e psicologica

Obiettivo ▸ praticare e fissare gli aggettivi utili per la descrizione fisica e psicologica.

Procedimento ▸ **3a** • seguire le indicazioni dell'attività. **3b** • il gioco si svolge in gruppi, in ogni gruppo ogni studente sceglie un personaggio del punto **3a** e pensa una descrizione, aiutandosi con le categorie della tabella (capelli, aspetto fisico, ecc.) e con gli aggettivi indicati. A turno ogni studente propone la sua descrizione ai compagni, che devono indovinare il personaggio basandosi sulle foto.

Conclusione ▸ volendo, si può continuare il gioco sostituendo i personaggi con gli studenti. Ogni studente descrive un compagno senza dirne il nome, gli altri devono indovinare chi è.

Soluzione ▸ **3a** • Benito Mussolini / e, Dante Alighieri / c, Laura Pausini / a, Roberto Baggio / b, Roberto Saviano / f, Giulio Cesare / d. **3b** • sono possibili più soluzioni, ne diamo alcune: Benito Mussolini (aspetto robusto, calvo, sguardo serio), Dante Alighieri (naso lungo, sguardo serio, vestiti eleganti), Giuseppe Garibaldi (barba lunga, capelli biondi), Umberto Eco (aspetto robusto, capelli mori, barba lunga, vestiti eleganti), Laura Pausini (sorridente, magra), Leonardo Da Vinci (capelli lunghi, barba lunga e bianca, aspetto robusto), Sophia Loren (capelli corti, bocca sensuale, naso piccolo, vestiti eleganti), Roberto Baggio (vestiti sportivi, capelli lunghi e mori, sguardo triste), Roberto Saviano (calvo, barba corta), Giulio Cesare (aspetto robusto, naso grande).

Riquadri | Trent'anni fa e Un sacco di

A questo punto, se non lo si è ancora fatto, si può far notare il riquadro sulle espressioni di tempo (*Trent'anni fa*) nella pagina introduttiva dell'unità e quello sull'espressione *Un sacco di*, in relazione a questo passo del dialogo.

Conduttore	Quindi è un episodio che è successo **un sacco** di tempo fa.
Giacomo	Sì, avevo 9 anni.
Conduttore	Allora **trent'anni fa**. Circa.

Volendo, si può chiedere agli studenti, a gruppi, di fare una lista di tutte le espressioni temporali e di tutte le espressioni indicanti quantità da loro conosciute.

4 ▸ Analisi grammaticale | Il passato prossimo e l'imperfetto
Trascrizione 🎧 13

Conduttore	Certo, questo me lo ricordo. In finale abbiamo battuto la Germania, giusto?
Giacomo	Sì, esatto. 3 a 1. Insomma, anch'io sono uscito, mi ricordo che avevo la bandiera dell'Italia in mano e urlavo, come tutti. A un certo punto ho sentito un grido, cioè... tutti gridavano... ma quello non era un grido uguale agli altri, sembrava più... più un pianto che un grido di gioia.
Conduttore	Ah...
Giacomo	Sì, così mi sono girato e in un angolo, in un punto un po' lontano dalla strada, ho visto tre bambini: un mio compagno di scuola e due bambini più grandi che non conoscevo. I due che non conoscevo davano dei pugni al primo. Mentre lo picchiavano gli prendevano anche la bandiera e la maglietta dell'Italia.

Obiettivo ▸ imparare alcuni usi di passato prossimo e imperfetto.

Procedimento ▸ **4a** • l'attività propone una descrizione classica e basilare dei diversi usi di passato prossimo e imperfetto, che naturalmente si presenta ancora come parziale e non esaurisce tutti i possibili casi. Si tratta di un primo stadio di un percorso che si complessificherà nel prosieguo del manuale, nell'ottica di un procedimento a tappe che riprende e approfondisce progressivamente l'argomento. Far svolgere il compito individualmente e poi procedere a un confronto a coppie. **4b** • a questo punto gli studenti, basandosi sulle conoscenze acquisite, dovrebbero essere in grado di svolgere un esercizio di completamento verbale o quantomeno di formulare delle ipotesi non del tutto casuali. Per questo è importante proporre prima il completamento del testo senza il supporto dell'audio (lasciando lo studente libero di confrontarsi con il testo e di fare le sue ipotesi), quindi procedere a uno o più confronti tra gli studenti, e solo successivamente passare alla fase di ascolto, come verifica finale.

Conclusione ▸ se lo si reputa opportuno, si può far notare agli studenti l'uso di "mentre", che in un discorso al passato precede molto spesso un verbo all' imperfetto.

Soluzione ▸ **4a** • era, faceva, era / descrive una situazione o uno stato (fisico o psicologico) del passato, è scesa / racconta un fatto o un'azione del passato. **4b** • la soluzione è la trascrizione del dialogo.

5 ▸ Gioco | Il passato prossimo e l'imperfetto

Obiettivo ▸ costruire frasi elementari usando la combinazione *passato prossimo - imperfetto*.

Procedimento ▸ mettere gli studenti in coppie, ogni coppia gioca utilizzando un solo libro. Poi seguire le consegne dell'attività e le indicazioni dell'introduzione. In caso di contestazione sulla correttezza di una frase, è possibile interpellare l'insegnante.

6 ▸ Scrivere | L'infanzia

Obiettivo ▸ sviluppare la capacità di produzione scritta (scrivere un breve testo in cui si racconta un episodio della propria infanzia).

Procedimento ▸ seguire le consegne dell'attività e le indicazioni dell'introduzione.

7 ▸ Parlare | La telefonata

Obiettivo ▸ sviluppare la capacità di produzione libera orale (parlare al telefono).

Procedimento ▸ seguire le consegne dell'attività e le indicazioni dell'introduzione. Se necessario, prima dello svolgimento, per rinfrescare la memoria degli studenti, far riascoltare il dialogo tra il conduttore radiofonico e Giacomo, che apre l'unità.

Conclusione ▸ Eventualmente chiudere l'attività con una drammatizzazione davanti alla classe da parte di una o più coppie.

Riquadro | Breve storia d'Italia

Questa pagina può essere proposta come una vera e propria lettura oppure può essere utilizzata in classe per raccontare i principali avvenimenti della storia italiana dal dopoguerra ad oggi. Volendo, si può organizzare anche un gioco a squadre, ritagliando i vari testi, eliminando col bianchetto le date (che l'insegnante scriverà alla lavagna) e consegnando ad ogni squadra una busta con i testi ritagliati e in disordine. Le squadre dovranno ricostruire la cronologia degli avvenimenti, mettendo i testi nell'ordine giusto, e inserendo negli spazi vuoti le date scritte alla lavagna. Vince la squadra che completa per prima il compito.

attività finale

Procedimento ▸ seguire la procedura descritta nell'introduzione.
Soluzione ▸ L'imperfetto, Il passato prossimo.

PAGINA DELLA FONETICA

La soluzione è nel DVD rom.

STORIA A FUMETTI  episodio due

Riassunto ▸ Nel giorno del suo matrimonio Mauro, un uomo di 63 anni, ripercorre le tappe fondamentali della sua vita. Ricorda gli anni della Seconda Guerra Mondiale prima della sua nascita e il padre partigiano, l'incontro di suo padre con sua madre alla fine della guerra, il periodo della sua infanzia trascorso a giocare con il suo miglior amico, Chicco.

Episodio 2 ▸ Siamo di nuovo ad oggi, nel giorno del matrimonio. Mauro e Ada, la moglie, si abbracciano. Mauro ricorda il loro primo incontro: era il 1966, l'anno della disastrosa alluvione di Firenze, che aveva richiamato in soccorso nella città toscana giovani da tutta Italia, spinti dal desiderio di dare un aiuto e salvare le opere d'arte dalle acque. Anche Mauro e Chicco, ormai ragazzi, sono lì. È in questa occasione che avviene l'incontro con due giovani e affascinanti ragazze: Ada e Silvia. I quattro, come molti altri giovani a quell'epoca, condividono grandi speranze di cambiare il mondo e diventano grandi amici. Fino a quando Mauro e Chicco si innamorano tutti e due di Ada, la futura moglie di Mauro.

modulo tre | arti

unità 6 | buongiorno, desidera?

comunicazione	grammatica	lessico	testi scritti e *orali*	cultura
Ordinare in un negozio di alimentari ▸ *Mi dia delle olive verdi*	L'espressione *ce l'ho*	Nomi di negozi	*Spot pubblicitario* 🎧	La distribuzione a km zero
	I pronomi con l'imperativo informale	Ingredienti e prodotti	Lista di ingredienti	I negozi di alimentari in Italia
Dare istruzioni per fare la spesa ▸ *La carne comprala dal signor Mario*		*Chilometri, metri, centimetri*	Nota della spesa	
		Grammi, etti, chili, litri	Testo pubblicitario	

1 ▸ Introduzione
Trascrizione 🎧 14

Commesso 1	Buongiorno, desidera?
Signora	Buongiorno, vorrei un po' di formaggio e un etto di Parmacotto.
Commesso 1	Eh, mi dispiace signora, il Parmacotto non ce l'ho. Però le posso dare...
Signora	Ah no, non importa. Mi dia delle olive verdi e due etti di Parmacotto.
Commesso 1	Mi scusi... il Parmacotto non ce l'ho... Però gliene posso dare un altro che è buono lo stesso eh?!
Signora	Ah, beh, se non ha quelle verdi mi dia quelle nere.
Commesso 1	Quelle nere...
Signora	Però magari me ne fa tre etti di Parmacotto?
Commesso 1	Di Parmacotto. *(All'altro commesso)* Ce l'abbiamo il Parmacotto?
Commesso 2	No.
Commesso 1	Eh no...
Signora	Ah... ho capito!
Commesso 1	Ah, ha capito...
Signora	Mi dia quattro etti di Parmacotto e non ne parliamo più!
Voce	Chi chiede Parmacotto vuole solo Parmacotto.

Obiettivo ▸ acquisire il lessico necessario ad iniziare l'unità.

Procedimento ▸ **1a/1b** • seguire le istruzioni dell'attività.

Variante: far ascoltare il brano a libro chiuso e proporre un confronto a coppie chiedendo di usare la fantasia per capire cosa è l'audio. Quindi far ascoltare ancora una volta e far aprire il libro per i compiti richiesti. **1c** • se necessario far ascoltare ancora il brano. **1d** • seguire l'istruzione dell'attività e le indicazioni dell'introduzione relative all'attività *Parlare*.

Soluzione ▸ **1a** • Dalla pubblicità del prosciutto cotto "Parmacotto". **1b** • formaggio; olive verdi; olive nere; prosciutto cotto "Parmacotto". **1c** • la signora usa la formula "Mi dia...".

Riquadro | Ce l'ho
A questo punto si può far notare il riquadro sull'espressione *Ce l'ho*, presente nella pubblicità sia al singolare che al plurale (*ce l'abbiamo*). È meglio dire agli studenti che il pronome "ci" che si aggiunge in testa a questa forma ha una mera funzione enfatica e non è portatore di alcun significato. Nonostante la forma venga da un italiano tipico dell'Italia centrale, si è ormai standardizzata.

2 ▸ Leggere | La spesa
Obiettivo ▸ sviluppare la capacità di lettura (lista e istruzioni per fare la spesa).

Procedimento ▸ **2a** • seguire le consegne dell'attività e le indicazioni dell'introduzione. **2b/2c** • lo scopo di questi compiti consiste nel far tornare lo studente al testo, quindi servono a farlo rileggere. A seconda di quanto il testo risulta difficile, si possono proporre uno per volta in coppie (così il compito è più facile e graduale), o tutti insieme e individualmente. **2d** • far svolgere il compito individualmente dicendo che, se non conoscono la risposta, possono usare la fantasia e l'immaginazione. Poi in plenum chiedere ad alcuni studenti qual è, secondo loro, la risposta. Forse può essere necessario, contestualmente al dare l'istruzione, spiegare il riquadro a fianco.

Soluzione ▸ **2a** • mezzo chilo di carne di manzo con l'osso; 4 uova; 150 grammi di prosciutto; 2 chiodi di garofano; carote.

2b • un litro di latte; **2c** • *frutteria:* frutta, verdura; *giornalaio:* riviste, giornali; *macelleria:* carne; *supermercato:* carne, frutta, latte, pane, verdura. **2d** • Una macelleria con carne venduta direttamente dal produttore.

> **Riquadro | Chilometri, metri, centimetri...**
> Può essere utile, prima di dare l'istruzione del punto **2d**, mostrare e spiegare le misure di lunghezza del riquadro.

3 ▸ Analisi grammaticale | I pronomi con l'imperativo informale

Obiettivo ▸ imparare la regola della posizione del pronome in combinazione con l'imperativo informale.

Procedimento ▸ **3a** • seguire le consegne dell'attività e le indicazioni dell'introduzione. In questa fase gli studenti non devono ancora considerare la regola **2b** (il pronome è unito all'infinito). Infine verificare le due regole facendosi dettare gli esempi e scrivendoli alla lavagna. Questa verifica è funzionale al punto successivo. **3b** • chiedere agli studenti di trasformare l'esempio **2a** secondo la regola **2b**, cioè spostando il pronome e attaccandolo all'infinito. Questa fase si può far svolgere agli studenti individualmente, in coppie o direttamente in plenum.

Soluzione ▸ **3a** • 1. *il pronome è unito all'*imperativo; esempi: prendi**mi**, compra**la**, prendi**lo**, compra**le**. 2a. *il pronome è* davanti *all'*infinito; esempio: non **le** prendere. **3b** • 2b. *il pronome è unito all'infinito*; esempio: non prender**le**.

4 ▸ Gioco | Ce l'hai?

Obiettivo ▸ praticare la posizione dei pronomi con l'imperativo e la struttura *ce l'ho*.

Procedimento ▸ l'insegnante dispone le due classi in piedi una di fronte all'altra. Quando un oggetto viene indovinato lo studente lo porge e l'altro lo prende. Le squadre possono sempre consultarsi. Se qualche studente dovesse avere dei dubbi su quale sia il nome di un oggetto, può chiederlo all'insegnante. Per il resto seguire le consegne dell'attività e le indicazioni dell'introduzione.

5 ▸ Analisi lessicale | Grammi, etti, chili

Obiettivo ▸ imparare le misure per pesare i solidi e per i liquidi.

Procedimento ▸ **5a/5b/5c** • seguire le consegne dell'attività e le indicazioni dell'introduzione.

Soluzione ▸ **5a** • 2. **5b** • *100 grammi = 1* etto; *500 grammi = 5* etti = 1/2 chilo; *1000 grammi = 1* chilo. **5c** • *1 litro = 10 decilitri = 100 centilitri.*

6 ▸ Scrivere | I 4 cibi

Obiettivo ▸ sviluppare la capacità di produzione scritta.

Procedimento ▸ **6a** • far precedere il lavoro da un esempio alla lavagna: chiedere alla classe il nome di un cibo qualsiasi e scrivere il primo che viene detto. Poi chiedere cosa fa loro venire in mente (una sola parola) e scrivere intorno al nome del cibo (magari con

un colore differente) più parole possibili, invitando gli studenti a proporre anche cose che non hanno a che vedere con il cibo, ma che abbiano una relazione in qualche modo logica con il nome alla lavagna. A questo punto lanciare l'attività seguendo le consegne. **6a** • seguire le consegne dell'attività e le indicazioni dell'introduzione. Lasciare liberi gli studenti di scegliere il tipo di testo che preferiscono scrivere.

7 ▸ Leggere | km zero

Obiettivo ▸ sviluppare la capacità di lettura (testo pubblicitario).

Procedimento ▸ seguire le consegne dell'attività e le indicazioni dell'introduzione. Sarà probabilmente utile proporre un confronto a coppie affinché gli studenti possano verificare il lavoro svolto.

Soluzione ▸ *Forniamo la soluzione del testo com'è nell'originale, ma possono essere motivate con successo anche altre soluzioni.* g, a, e, b, d, c, h, f.

> **Riquadro | Comprare prodotti alimentari**
> A questo punto si può introdurre il riquadro sui negozi per prodotti alimentari. L'insegnante può integrare con altre informazioni su richiesta degli studenti. Eventualmente si possono far confrontare gli studenti su come sono organizzati i negozi di alimentari nel loro Paese, trattando anche il tema degli orari. In Italia infatti i mercati sono generalmente aperti solo la mattina, i negozi chiudono all'ora di pranzo e intorno alle 20.00, mentre i supermercati soprattutto al centro sud possono restare aperti anche fino alle 21.00 o alle 22.00. Fuori dall'Italia gli orari dei negozi sono spesso molto più flessibili e non è difficile, soprattutto nelle zone più turistiche, trovare da mangiare anche a notte inoltrata, cosa molto difficile, per non dire impossibile, in Italia.

unità 6 | buongiorno, desidera?

attività finale

Procedimento ▸ seguire la procedura descritta nell'introduzione.

Soluzione ▸ L'espressione *ce l'ho* ▸ *Ce l'abbiamo il Parmacotto?* Le misure: *Chilometri, chili, litri,* ecc. ▸ *Mezzo chilo di carne.* I pronomi con l'imperativo informale ▸ *Prendimi alcuni ingredienti.*

unità 7 | fare la spesa

comunicazione	grammatica	lessico	testi scritti e *orali*	cultura

Dire cosa si vuole in un negozio ▶ *Vorrei mezzo chilo di manzo*

L'articolo partitivo *del*

La particella *ne*

La dislocazione pronominale

La preposizione *di*

Poco, molto, troppo

Espressioni fisse per fare la spesa

Dialogo in macelleria 🎧

Articolo sulla dieta mediterranea

Grafico sull'alimentazione

La dieta mediterranea

La cucina italiana

Chiedere e dire la quantità ▶ *Quanto ne faccio?* ▶ *Un etto e mezzo, grazie*

Chiedere se qualcosa c'è ▶ *Le uova ce le ha?*

Chiedere e dire quanto costa qualcosa, ecc. ▶ *Quant'è?* ▶ *In tutto fanno 23 euro e 80*

Chiedere un prestito ▶ *Puoi prestarmi 30 euro?*

1 ▶ Ascoltare
Trascrizione 🎧 15

Macellaio	Trentaquattro.
Vincenzo	Eccomi, allora... vorrei mezzo chilo di manzo con l'osso.
Signora	Veramente io ho il 33.
Macellaio	Eh, signora... quando l'ho chiamata lei non c'era.
Signora	Eh... sì sono uscita un attimo per andare dal giornalaio qui davanti...
Macellaio	Va bene, senta, allora, faccio prima il signore e poi servo Lei, va bene?
Signora	E va bene...
Macellaio	Mezzo chilo... L'osso lo tolgo?
Vincenzo	No, no, mia moglie ha detto che le serve... deve fare i tortellini in brodo.
Macellaio	Ok, d'accordo, ecco qua. Che le faccio ancora?
Vincenzo	Mezza gallina... sempre per il brodo.
Signora	Eh... scusi se mi permetto... Io i tortellini li faccio con il pollo...
Vincenzo	Ah...
Signora	La gallina è troppo grassa mentre il pollo è molto più delicato.
Vincenzo	Ah sì?
Signora	Certo! Sono molto più delicati. Mi ascolti, prenda un bel pollo ruspante!
Vincenzo	Senta... saranno più buoni, non discuto... però mia moglie mi ha chiesto di prenderle la gallina.
Signora	Va bene, come vuole. Come vuole Lei.
Macellaio	Allora, cosa le do? Gallina o pollo?
Vincenzo	Gallina, gallina, grazie.
Macellaio	Tanto la nostra carne è tutta buonissima, di prima qualità.

Vincenzo	Lo so, lo so. Mia moglie ormai compra solo la vostra di carne, a km zero, no? In effetti ha tutto un altro sapore.
Macellaio	Ecco qua. Altro?
Vincenzo	Sì, vorrei del prosciutto.
Macellaio	Cotto o crudo?
Vincenzo	Eh... cotto o crudo... questo veramente non lo so...
Signora	Per i tortellini può essere solo crudo... Guardi, io queste cose le so, faccio i tortellini da quarant'anni.
Vincenzo	E va bene, se la signora dice che si usa il crudo...
Macellaio	Ok, prosciutto crudo. Quanto ne faccio?
Vincenzo	Un etto e mezzo, grazie.
Signora	Il prosciutto cotto proprio no.... Scherziamo...
Macellaio	Ecco qua, 160 grammi. È troppo?
Vincenzo	No, no, va bene così. Senta, le uova ce le ha?
Macellaio	Certo. Quante ne vuole?
Vincenzo	Quattro.
Macellaio	Abbiamo solo confezioni da 6, ne tolgo due?
Vincenzo	No, no, le prendo tutte, non c'è problema.
Macellaio	Perfetto. Le serve altro?
Vincenzo	No, a posto così. Grazie. Quant'è?
Macellaio	Allora: la carne, la gallina, il prosciutto e le uova... In tutto fanno 23 euro e 80.
Vincenzo	Senta, posso pagare con la carta?
Macellaio	Eh, mi dispiace, non ho il collegamento. Solo contanti.
Vincenzo	Mannaggia... C'è un bancomat qui vicino?
Macellaio	Proprio vicino no... Ne trova uno a 300 metri, all'angolo, tra la pizzeria e il tabaccaio.
Vincenzo	Allora vado un attimo. Mi scusi, torno subito...
Signora	Eh no, senta... Io non posso aspettare ancora, già prima mi è passato avanti...

Carolina	Buonasera.
Vincenzo	Carolina! Carolina... Ciao, che ci fai qui?
Carolina	Ciao! Ciao Vincenzo. Sono venuta a prendere un po' di carne. Qui ce l'hanno buonissima. E poi vado nel negozio di fronte a comprarmi un vestito.
Vincenzo	Ah, brava! Senti, posso chiederti un favore?
Carolina	Certo, dimmi.
Vincenzo	Non è che... Puoi prestarmi 30 euro? Che sono rimasto senza contanti.
Carolina	Sì, figurati.
Vincenzo	Poi vado al bancomat e te li restituisco, eh?
Carolina	Va bene.
Vincenzo	Grazie. Così non faccio aspettare la signora.

Obiettivo ▸ sviluppare la competenza di ascolto (dialogo in un negozio, acquistare dei prodotti).

Procedimento ▸ **1a/1b** • seguire le consegne dell'attività e le indicazioni dell'introduzione.

Soluzione ▸ **1a** • Vincenzo (che avevamo conosciuto al matrimonio e al ristorante), il macellaio, una signora, un'amica di Vincenzo.
1b • *Vincenzo*: 33, con, gallina, 160, crudo, 6, con la carta, 30; *il macellaio*: non toglie, ha, non ha; *la signora*: dal giornalaio, pollo.

> ### Riquadro | Vorrei del prosciutto
>
> A questo punto si può far notare il riquadro sulla struttura che si usa per indicare una quantità generica: la preposizione *di* articolata, utilizzata più volte nel dialogo. Eventualmente saltare questo riquadro e riproporlo poi quando a pagina 61 si affronterà il riquadro sulla preposizione *di*.

2 ▸ Analisi grammaticale | Il pronome *ne*

Obiettivo ▸ imparare la funzione e l'uso del pronome partitivo *ne*.

Procedimento ▸ **2a/2b** • seguire le consegne dell'attività e le indicazioni dell'introduzione.

Soluzione ▸ **2a** • *il primo sostituisce* prosciutto crudo, *il secondo sostituisce* uova, *il terzo sostituisce* uova. **2b** • *Per indicare* una parte di una quantità *si usa la particella pronominale* **ne**; *Per indicare tutta la quantità si usano i pronomi diretti* **lo, la, li, le**.

> ### Riquadro | La cucina italiana
>
> A questo punto si può introdurre il riquadro sulla cucina italiana. L'insegnante può integrare con altre informazioni su richiesta degli studenti. Eventualmente si possono far confrontare gli studenti su quali altri piatti conoscono o sono popolari in altri Paesi. Può essere anche interessante notare come di solito all'estero i nomi di alcuni piatti proposti nei ristoranti non abbiano corrispondenza in Italia o si chiamino diversamente (quelli che fuori vengono chiamati spaghetti alla bolognese qui sono di solito solo al ragù) o vengono cucinati con ricette diverse (ad esempio la Carbonara con la panna al posto dell'uovo).

3 ▸ Esercizio | Quanto ne faccio?

Obiettivo ▸ praticare l'uso del partitivo *ne*, della struttura *di* + articolo, delle misure di peso, dei pronomi diretti, delle concordanze.

Procedimento ▸ seguire le consegne dell'attività e le indicazioni dell'introduzione. È bene, prima di iniziare, che l'insegnante faccia, insieme ad uno studente, una simulazione della dinamica del gioco, in modo che quando gli studenti cominciano a lavorare in coppie saranno già entrati nel meccanismo. Soffermarsi in questa fase sull'ultimo numero tra parentesi del cliente. Se il numero è uguale a quello che ha detto il negoziante bisogna rispondere in modo affermativo, se il numero è differente bisogna richiedere la quantità precisa.

Soluzione ▸ 1. ■ Vorrei delle olive □ Quante ne faccio? ■ Due etti, grazie. □ Ecco qua. 220 grammi. Sono troppe? ■ No, no, va bene così. Senta, le salsicce ce le ha? □ Certo. Quante ne vuole? ■ Tre. □ Abbiamo solo confezioni da cinque, ne tolgo due? ■ No, no, le prendo tutte, non c'è problema.

2. ■ Vorrei del parmigiano. □ Quanto ne faccio? ■ Tre etti, grazie. □ Ecco qua. 250 grammi. È troppo? ■ No, no, va bene così. Senta, le mozzarelle ce le ha? □ Certo. Quante ne vuole? ■ Due. □ Abbiamo solo confezioni da tre, ne tolgo una? ■ No, no, le prendo tutte, non c'è problema.

3. ■ Vorrei della mortadella. □ Quanta ne faccio? ■ Due etti e mezzo, grazie. □ Ecco qua. 265 grammi. È troppa? ■ No, no, va bene così. Senta, le scatolette di tonno ce le ha? □ Certo. Quante ne vuole? ■ Cinque. □ Abbiamo solo confezioni da sei, ne tolgo una? ■ No, no, le prendo tutte, non c'è problema.

4. ■ Vorrei della ricotta. □ Quanta ne faccio? ■ Un etto e mezzo, grazie. □ Ecco qua. 175 grammi. È troppa? ■ No, no, va bene così. Senta, i pacchetti di fazzoletti ce li ha? □ Certo. Quanti ne vuole? ■ Tre. □ Abbiamo solo confezioni da sei, ne tolgo tre? ■ Sì grazie, ne vorrei solo tre.

5. ■ Vorrei del prosciutto cotto. □ Quanto ne faccio? ■ Un etto, grazie. □ Ecco qua. 180 grammi. È troppo? ■ No, no, va bene così. Senta, i panini all'olio ce li ha? □ Certo. Quanti ne vuole? ■ Cinque. □ Abbiamo solo confezioni da dieci, ne tolgo cinque? ■ Sì grazie, ne vorrei solo cinque.

6. ■ Vorrei dei tortellini freschi. □ Quanti ne faccio? ■ Mezzo chilo, grazie. □ Ecco qua. 600 grammi. Sono troppi? ■ No, no, va bene così. Senta, i vasetti di yogurt ce li ha? □ Certo. Quanti ne vuole? ■ Due. □ Abbiamo solo confezioni da tre, ne tolgo uno? ■ No, no, li prendo tutti, non c'è problema.

7. ■ Vorrei della pancetta. □ Quanta ne faccio? ■ Due etti e mezzo, grazie. □ Ecco qua. 280 grammi. È troppa? ■ No, no, va bene così. Senta, i pomodori in barattolo ce li ha? □ Certo. Quanti ne vuole? ■ Uno. □ Abbiamo solo confezioni da tre, ne tolgo due? ■ Sì grazie, ne vorrei solo uno.

8. ■ Vorrei dello stracchino. □ Quanto ne faccio? ■ Due etti, grazie. □ Ecco qua. 220 grammi. È troppo? ■ No, no, va bene così. Senta, i pacchi di biscotti al miele ce li ha? □ Certo. Quanti ne vuole? ■ Uno. □ Abbiamo solo confezioni da due, ne tolgo uno? ■ Sì grazie, ne vorrei solo uno.

4 ▸ Analisi lessicale | Fare domande

Obiettivo ▸ acquisire alcune formule per chiedere e dire la quantità, dire cosa si vuole, chiedere se qualcosa c'è e chiedere e dire quanto costa qualcosa.

Procedimento ▸ seguire le consegne dell'attività e le indicazioni dell'introduzione.

Soluzione ▸ • *Quanto | ne faccio? | Un etto e mezzo.* • È | troppo? | No, va bene così. • Senta, le uova | ce le ha? | Sì, certo. • Quante | ne vuole? | Quattro. • Le serve | altro? | No, a posto così. Grazie. • Quant' | è? | Fanno 23 euro e 80. • Posso pagare | con la carta? | Mi dispiace, non ho il collegamento. • *Senti, posso chiederti | un favore? | Certo, dimmi.* • Puoi prestarmi | 30 euro? | Sì, figurati.

5 ▸ Parlare | Una festa

Obiettivo ▸ sviluppare la capacità di produzione orale (acquistare prodotti in un negozio).

Procedimento ▸ **5a/5b** • seguire le consegne dell'attività e le indicazioni dell'introduzione. Specificare che l'obiettivo dei negozianti è quello di incassare il maggior numero di soldi, quello dei clienti è di comprare almeno 3 prodotti per ogni categoria, spendendo il meno possibile.

6 ▸ Analisi grammaticale | Pronomi
Trascrizione 🔊16

Macellaio	Mezzo chilo... L'osso lo tolgo?
Vincenzo	No, no, mia moglie ha detto che le serve... deve fare i tortellini in brodo.
Macellaio	Ok, d'accordo, ecco qua. Che le faccio ancora?
Vincenzo	Mezza gallina... sempre per il brodo.
Signora	Eh... scusi se mi permetto... Io i tortellini li faccio con il pollo...

Obiettivo ▸ imparare la regola della dislocazione pronominale.
Procedimento ▸ **6a/6b** • seguire le consegne dell'attività.
Soluzione ▸ **6a** • Tolgo l'osso ▸ L'osso lo tolgo? - io faccio i tortellini con il pollo ▸ io i tortellini li faccio con il pollo.. **6b** • dislocazione pronominale.

7 ▸ Leggere | La dieta mediterranea

Obiettivo ▸ sviluppare la capacità di lettura (articolo descrittivo).

Procedimento ▸ **7a** • seguire le consegne dell'attività e le indicazioni dell'introduzione. Fare in modo che sia chiaro che dovranno inserire per due volte ognuna delle parole. Per questo ci sono otto spazi da completare. **7b** • Lasciare gli studenti liberi di scegliere se lavorare da soli, in coppie o in piccoli gruppi (massimo 4 studenti). Lasciarli liberi di scegliere il tipo di grafico da adottare.

Eventualmente, se qualcuno non ha idee, fare un esempio di grafico con uno o più dati più significativi del testo (vita media peso, altezza, ecc).

Conclusione ▸ ogni gruppo espone alla classe i propri grafici, i migliori possono essere organizzati in un cartellone da attaccare alle pareti.

Soluzione ▸ **7a** • Italia, italiani, Europa, europei, italiani, europei, Italia, Europa.

8 ▸ Analisi lessicale | Espressioni

Obiettivo ▸ imparare alcune espressioni fisse (chunks).

Procedimento ▸ seguire le consegne dell'attività e le indicazioni dell'introduzione.

Soluzione ▸ dieta | mediterranea • nettamente | superiore | alla media • *malattie | cardiovascolari* • olio | extravergine | d'oliva • bicchiere | di | vino • *nettamente | inferiore | alla media* • forma fisica • miglior rapporto | tra | peso e altezza • invecchiamento | cellulare • indice | di | massa corporea • tanto per | fare | alcuni esempi.

9 ▸ Analisi lessicale | Espressioni

Obiettivo ▸ sviluppare la capacità di produzione orale (fare e rispondere a domande sulle abitudini alimentari).

Procedimento ▸ seguire le consegne dell'attività e le indicazioni dell'introduzione. Dire agli studenti di cominciare con le domande scritte sul libro, ma poi di parlare più liberamente.

---

unità 7 | fare la spesa

attività finale

Procedimento ▸ seguire la procedura descritta nell'introduzione.
Soluzione ▸ Chiedere e dire la quantità ▸ *Quanto ne faccio?* ▸ *Un etto e mezzo, grazie.*
Chiedere e dire quanto costa qualcosa ▸ *Quant'è?* ▸ *In tutto fanno 23 euro e 80.*

unità 8 | made in Italy

comunicazione

Chiedere e dire la taglia ▸ *Che taglia porta?* ▸ *La 44*

Chiedere e dire il numero di scarpe ▸ *Che numero ha?* ▸ *Il 37*

Parlare di materia, forma e dimensione di un capo di abbigliamento ▸ *Vestito di cotone a righe bianche e blu*

Scegliere un capo di abbigliamento ▸ *È meglio questo*

Discutere il prezzo ▸ *Cosa? 1257 euro?*

grammatica

La costruzione *stare per*

I pronomi combinati

La costruzione *avere bisogno di*

lessico

Saldi e sconti

Taglie e misure

Forme e materiali

I numerali collettivi

Modi di dire con i numeri

testi scritti e *orali*

Dialogo in un negozio di abbigliamento

La moda italiana

cultura

La moda italiana

Saldi e sconti

1 ▸ Ascoltare | Il periodo dei saldi

Trascrizione 🎧 17

Carolina	Buonasera. Posso?
Negoziante	Buonasera signora. Veramente stiamo per chiudere. Cosa voleva?
Carolina	Volevo solo provare quel vestito di cotone a righe bianche e blu in vetrina. Quello... quello in saldo. Ho visto che ha uno sconto... del 50%?
Negoziante	Eh sì, questo è il periodo dei saldi. Facciamo sconti dal 30 al 50% su quasi tutta la merce.
Carolina	Bene!
Negoziante	Che taglia porta?
Carolina	La 44.
Negoziante	Ah, mi dispiace. La 44 non c'è.
Carolina	No! Che peccato!
Negoziante	Guardi... della stessa taglia abbiamo un modello simile, sempre a righe, ma di seta, non di cotone. È di Armani. Molto elegante.
Carolina	Ah, Armani...
Negoziante	Lo vuole provare?
Carolina	Sì, va bene.
Negoziante	Glielo prendo subito.
...	
Negoziante	Allora? Come Le sta?
Carolina	Ma, non so... Lo sento un po' stretto.
Negoziante	È il modello, signora. Quest'anno vanno così: molto stretti in vita. Le sta benissimo, mi creda.
Carolina	Davvero?
Negoziante	Io ci metterei anche un bel paio di scarpe con i tacchi alti. Come quelle di pelle scura, per esempio, che sono qui in vetrina. Aspetti, gliele prendo. Guardi come sono belle!
...	

Negoziante	Le piacciono?
Carolina	Sì, sono veramente belle.
Negoziante	Le vuole provare?
Carolina	Ma... veramente... a casa ho tante di quelle scarpe...
Negoziante	Sì signora, ma queste sono di marca, di prima qualità. Stiamo parlando di Ferragamo, non di una scarpa qualsiasi. Le provi, poi se non le piacciono non le prende.
Carolina	E va bene.
Negoziante	Che numero ha?
Carolina	Il 37.
Negoziante	Ecco, queste che ho in mano sono proprio il numero giusto. E sa che le dico? Mentre le prova le vado a prendere una borsetta che è in tinta con le scarpe.
Carolina	Una borsetta? Ma io veramente non ho bisogno di una borsetta.
Negoziante	Signora, io prima gliela mostro, poi mi dice cosa ne pensa. Ecco qui, non è carina? È l'ultimo modello di Prada. Me l'hanno portata proprio oggi... Che ne pensa?
Carolina	In effetti, è molto carina.
Negoziante	E sta benissimo con questo vestito e con le scarpe. A proposito, come vanno le scarpe?
Carolina	Bene, e sono anche molto comode, per essere coi tacchi.
Negoziante	Che le dicevo? I prodotti di marca sono un'altra cosa. Allora le prende?
Carolina	Ma sì, le prendo.
Negoziante	Benissimo. Ottima scelta. Dunque, allora abbiamo il vestito, le scarpe... e la borsetta? Prende anche questa, giusto? Come si dice: abbiamo fatto 30...
Carolina	...e ora facciamo anche 31. Ma sì, prendo anche la borsetta.

Negoziante	D'accordo. Allora le faccio il conto.
Carolina	Senta, vorrei fare anche un regalo a mio marito. Avete dei maglioni da uomo?
Negoziante	Sì, certo. Che tipo di maglioni porta però suo marito? È un tipo sportivo... un tipo elegante?
Carolina	Direi piuttosto... elegante.
Negoziante	Guardi questo modello di lana con il collo a V. Le piace?
Carolina	Sì, ma mio marito non ama i quadri, preferisce le tinte unite.
Negoziante	Allora forse è meglio questo.
Carolina	Sì, questo è decisamente meglio.
Negoziante	Che taglia porta suo marito?
Carolina	Media... Però dipende dal modello.
Negoziante	Media... D'accordo. Gliela prendo subito... Eccolo...
Carolina	Senta, ma se poi non gli sta bene me lo cambia?
Negoziante	Ma certo. Basta venire con lo scontrino.
Carolina	Allora prendo anche il maglione.
Negoziante	Bene. Allora le faccio il conto: Allora... il vestito... le scarpe... la borsetta... e il maglione. In tutto signora fanno 1257 euro.
Carolina	Cosa? 1257 euro? Ma scusi... non ha detto che ci sono i saldi? Gli sconti?
Negoziante	Eh, signora... Ma lei ha preso tutti prodotti di marca: Armani, Prada, Ferragamo... I saldi valgono su tutta la merce, tranne sui prodotti firmati.
Carolina	Ah, sui prodotti firmati non valgono?
Negoziante	Ma, scusi... Non lo sa?
Carolina	Eh... No... Lei non me l'ha detto.
Negoziante	Guardi... io le ho detto che facciamo gli sconti su quasi tutta la merce, non su tutta la merce... Mi sembrava di essere stata molto chiara.
Carolina	A me non sembra...
Negoziante	Comunque, se non li vuole, non c'è problema.
Carolina	Senta, facciamo così: prendo solo il maglione per mio marito.
Negoziante	D'accordo, come vuole lei.

Obiettivo ▸ sviluppare la competenza di ascolto (fare acquisti in un negozio di abbigliamento)

Procedimento ▸ **1a** • seguire le consegne dell'attività facendo rispondere alla domanda in coppie. Eventualmente concludere con un plenum, ma senza che l'insegnante fornisca troppi elementi agli studenti. Se ci sono punti ancora oscuri, dire che potranno essere chiariti nei prossimi ascolti. **1b** • seguire le consegne dell'attività. **1c** • far svolgere questo punto utilizzando le indicazioni dell'introduzione per l'attività di lettura.

Soluzione ▸ **1a** • tra la negoziante e Carolina c'è stato un equivoco: Carolina pensa che gli sconti siano su tutta la merce e dunque sceglie molti prodotti convinta di spendere poco, ma al momento del conto scopre che dagli sconti sono esclusi i prodotti firmati (la negoziante all'inizio del dialogo dice infatti che fanno sconti su quasi tutta la merce, intendendo che gli sconti non

valgono per tutti i prodotti). **1b** • X - vestito a righe bianche e blu (ma il vestito in vetrina non è disponibile e Carolina ne sceglie un altro simile), scarpe di pelle scura con i tacchi alti, borsetta marrone, maglione blu (l'unico in tinta unita in vetrina), Ω - alla fine Carolina prende solo il maglione blu. **1c** • Carolina ha scelto Armani (vestito), Ferragamo (scarpe) e Prada (borsetta).

Riquadro | Stare per

Spiegare gli usi di *stare per* a partire dal dialogo. Far ascoltare a libro chiuso l'inizio del dialogo dove è contenuta la frase riportata nell'esempio:

Carolina	Buonasera. Posso?
Negoziante	Buonasera signora. Veramente stiamo per chiudere. Cosa voleva?
Carolina	Volevo solo provare quel vestito di cotone a righe bianche e blu in vetrina.

Scrivere alla lavagna "stare per", usato dalla commessa, e chiedere agli studenti di interrogarsi, a coppie, su cosa indica questa struttura. Ascoltare il dialogo è utile per contestualizzare meglio la struttura e capirne con più facilità il significato. Dopo un paio di minuti di confronto a coppie, far aprire il libro a pagina 65 e far completare il riquadro. Infine chiedere se ci sono domande e rispondere.
Soluzione ▸ futuro.

Riquadro | Saldi e sconti

A questo punto si può introdurre il riquadro sui saldi. L'insegnante può integrare con altre informazioni su richiesta degli studenti e con altre formule usate per abbassare i prezzi: *offerta speciale*, *promozione*, *occasione*, *liquidazione*, *svendita*, ecc.

Riquadro | Un paio di

Prima di far svolgere l'analisi lessicale spiegare la forma *un paio di*. Aggiungere che si usa per tutti gli indumenti e accessori che vanno in coppia: *occhiali*, *orecchini*, *guanti*, *pantaloni*, *calzini*, *scarpe*, ecc.

2 ▸ Analisi lessicale | Espressioni

Obiettivo ▸ imparare alcune espressioni fisse (chunks) per descrivere abiti e accessori.

Procedimento ▸ **2a** • seguire le consegne dell'attività dicendo agli studenti che possono collegare più volte gli stessi elementi. **2b** • seguire le consegne dell'attività e assicurarsi che sia ben chiara l'istruzione, soprattutto per quel che riguarda cosa devono inserire nella tabella. **2c** • seguire le consegne dell'attività.

Soluzione ▸ 2a • un | vestito | di | seta - un | vestito | a | tinta unita - un | vestito | a | righe - un | maglione | a | quadri - un | maglione | di | lana - un | maglione | con il collo a V - una | borsa | di cotone - un paio di | scarpe | di pelle - un paio di | scarpe | con i tacchi alti. 2b • vestiti - materiale: di cotone, di seta, di lana, disegno/colore: a quadri, a tinta unita, a righe. forma e dimensione: con il collo a V. scarpe - tipo, materiale, forma: di pelle, con i tacchi alti. *Far notare agli studenti che per indicare il materiale si usa prevalentemente la preposizione di, per indicare il disegno o il colore si utilizza di solito la preposizione a, per forma e dimensione ancora la preposizione a o nessuna preposizione.* 2c • le lettere scambiate sono p *(stivali)* e q *(con i tacchi bassi).*

> ### Riquadro | Modi di dire con i numeri
> A questo punto si può introdurre il riquadro sui modi di dire con i numeri, a partire dalla frase che viene detta nel dialogo (*Abbiamo fatto 30 e facciamo anche 31*). Può essere interessante verificare se ci sono dei modi di dire in altre lingue / culture che abbiano lo stesso obiettivo semantico / funzionale. O anche può essere simpatico, soprattutto in classi monolingue, vedere cosa succede traducendo letteralmente i modi di dire. In classi multilingue si può fare un cartellone con i modi di dire italiani e i corrispondenti in altre lingue.

3 ▸ Parlare | Stilista per un giorno
Obiettivo ▸ sviluppare la capacità di produzione orale (descrivere abiti e accessori).
Procedimento ▸ 3a/3b • seguire le consegne dell'attività e le indicazioni dell'introduzione. Far scegliere ad ogni studente se disegnare la propria collezione sui manichini o in un foglio bianco a parte. Tranquillizzare tutti dicendo che non è necessario che i disegni siano "fatti bene".

> ### Riquadro | Le taglie nel mondo
> Questo riquadro può essere usato come riferimento per capire le taglie italiane. Lo spazio alla destra di ogni lista può essere utilizzato da studenti di una nazionalità non presente nello schema. Ognuno lo completerà aiutandosi, se necessario, con una piccola ricerca in internet.

4 ▸ Analisi grammaticale | I pronomi combinati
Trascrizione 🎧 18

Carolina	Una borsetta? Ma io veramente non ho bisogno di una borsetta.
Negoziante	Signora, io prima gliela mostro, poi mi dice cosa ne pensa. Ecco qui, non è carina? È l'ultimo modello di Prada. Me l'hanno portata proprio oggi...
Negoziante	Che taglia porta suo marito?
Carolina	Media... Però dipende dal modello.
Negoziante	Media... D'accordo. Gliela prendo subito... Eccolo...
Carolina	Senta, ma se poi non gli sta bene me lo cambia?
Negoziante	Ma certo. Basta venire con lo scontrino.

Obiettivo ▸ imparare forme e uso dei pronomi combinati.
Procedimento ▸ 4a • far svolgere il compito individualmente. Poi, se ci sono dubbi, proporre un confronto a coppie. 4b • seguire le consegne dell'attività e le indicazioni dell'introduzione.
Soluzione ▸ 4a • gli = Carolina, lo = modello. 4b • gliela, Me l' (Me la), Gliela, me lo.

> ### Riquadro | Avere bisogno di...
> Prima di far svolgere il gioco spiegare la forma e il significato di *avere bisogno di.*

5 ▸ Gioco | Prima gliela mostro...
Obiettivo ▸ fissare le espressioni per descrivere e i nomi di abiti e accessori, l'espressione *avere bisogno di*, i pronomi combinati, la concordanza.
Procedimento ▸ mostrare il dialogo estratto dal punto 1, trascritto nell'esempio, e risolvere eventuali problemi di comprensione. Quindi seguire le consegne dell'attività e le indicazioni dell'introduzione.
Conclusione ▸ chiamare un paio di coppie a fare il dialogo davanti alla classe scegliendo due numeri a caso nella lista.
Soluzione ▸ (due maglioni - io) • Due maglioni? Ma io veramente non ho bisogno di due maglioni. ▪ Prima glieli mostro, poi mi dice cosa ne pensa... Ecco qui, non sono carini? Me li hanno portati proprio oggi...
(*due maglioni - noi*) • *Due maglioni? Ma noi veramente non abbiamo bisogno di due maglioni.* ▪ *Prima ve li mostro, poi mi dite cosa ne pensate... Ecco qui, non sono carini? Me li hanno portati proprio oggi...*
(una camicia - io) • Una camicia? Ma io veramente non ho bisogno di una camicia. ▪ Prima gliela mostro, poi mi dice cosa ne pensa... Ecco qui, non è carina? Me l'hanno portata proprio oggi...
(una camicia - noi) • Una camicia? Ma noi veramente non abbiamo bisogno di una camicia. ▪ Prima ve la mostro, poi mi dite cosa ne pensate... Ecco qui, non è carina? Me l'hanno portata proprio oggi...
(un vestito di cotone - io) • Un vestito di cotone? Ma io veramente non ho bisogno di un vestito di cotone. ▪ Prima glielo mostro, poi mi dice cosa ne pensa... Ecco qui, non è carino? Me l'hanno portato proprio oggi...
(un vestito di cotone - noi) • Un vestito di cotone? Ma noi veramente non abbiamo bisogno di un vestito di cotone. ▪ Prima ve lo mostro, poi mi dite cosa ne pensate... Ecco qui, non è carino? Me l'hanno portato proprio oggi...
(due paia di scarpe - io) • Due paia di scarpe? Ma io veramente non ho bisogno di due paia di scarpe. ▪ Prima glielo mostro, poi mi dice cosa ne pensa... Ecco qui, non sono carine? Me le hanno portate proprio oggi...

(due paia di scarpe - noi) • <u>Due paia di scarpe</u>? Ma <u>noi</u> veramente non **abbiamo** bisogno di **due paia di scarpe**. ▪ Prima **ve le** mostro, poi mi **dite** cosa ne **pensate**... Ecco qui, non **sono** carine? **Me le** hanno **portate** proprio oggi...

(un cappotto - io) • **Un cappotto**? Ma <u>io</u> veramente non ho bisogno di **un cappotto**. ▪ Prima **glielo** mostro, poi mi **dice** cosa ne **pensa**... Ecco qui, non è carino? Me l'hanno **portato** proprio oggi...

(un cappotto - noi) • <u>Un cappotto</u>? Ma <u>noi</u> veramente non **abbiamo** bisogno di **un cappotto**. ▪ Prima **ve lo** mostro, poi mi **dite** cosa ne **pensate**... Ecco qui, non è carino? Me l'hanno **portato** proprio oggi...

(una giacca di pelle - io) • <u>Una giacca di pelle</u>? Ma <u>io</u> veramente non ho bisogno di **una giacca di pelle**. ▪ Prima **gliela** mostro, poi mi **dice** cosa ne **pensa**... Ecco qui, non è carina? Me l'hanno **portata** proprio oggi...

(una giacca di pelle - noi) • <u>Una giacca di pelle</u>? Ma <u>noi</u> veramente non **abbiamo** bisogno di **una giacca di pelle**. ▪ Prima **ve la** mostro, poi mi **dite** cosa ne **pensate**... Ecco qui, non è carina? Me l'hanno portata proprio oggi...

(due camicie a righe - io) • <u>Due camicie a righe</u>? Ma <u>io</u> veramente non ho bisogno di **due camicie a righe**. ▪ Prima **gliele** mostro, poi mi **dice** cosa ne **pensa**... Ecco qui, non **sono** carine? **Me le** hanno **portate** proprio oggi...

(due camicie a righe - noi) • <u>Due camicie a righe</u>? Ma <u>noi</u> veramente non **abbiamo** bisogno di **due camicie a righe**. ▪ Prima **ve le** mostro, poi mi **dite** cosa ne <u>pensate</u>... Ecco qui, non **sono** carine? **Me le** hanno **portate** proprio oggi...

(due giubbotti di pelle - io) • <u>Due giubbotti di pelle</u>? Ma <u>io</u> veramente non ho bisogno di **due giubbotti di pelle**. ▪ Prima **glieli** mostro, poi mi **dice** cosa ne **pensa**... Ecco qui, non **sono** carini? **Me li** hanno **portati** proprio oggi...

(due giubbotti di pelle - noi) • <u>Due giubbotti di pelle</u>? Ma <u>noi</u> veramente non **abbiamo** bisogno di **due giubbotti di pelle**. ▪ Prima **ve li** mostro, poi mi **dite** cosa ne **pensate**... Ecco qui, non **sono** carini? **Me li** hanno **portati** proprio oggi...

unità 8 | made in Italy

attività finale

Procedimento ▸ seguire la procedura descritta nell'introduzione.
Soluzione ▸ Chiedere e dire <u>la taglia</u> ▸ *Che taglia porta?* ▸ *La 44*
Chiedere e dire <u>il numero di scarpe</u> ▸ *Che numero ha?* ▸ *Il 37*
Parlare di materia, forma e dimensione di un capo di abbigliamento
▸ *Vestito di cotone a righe bianche e blu*
Scegliere <u>un capo di abbigliamento</u> ▸ *È meglio questo*
Discutere <u>il prezzo</u> ▸ *Cosa? 1257 euro?*

PAGINA DELLA FONETICA

La soluzione è nel DVD rom.

STORIA A FUMETTI
episodio tre

Riassunto ▸ Mauro ricorda il primo incontro con Ada, sua moglie, avvenuto nel 1966, durante l'alluvione di Firenze. Come migliaia di altri giovani, Mauro e Chicco erano corsi in aiuto degli abitanti, spinti dal desiderio di contribuire alla salvezza della città e del suo patrimonio artistico. Qui avevano conosciuto Ada e Silvia. Alla fine tutti e due, Mauro e Chicco, si erano innamorati di Ada.

Episodio 3 ▸ Siamo di nuovo ad oggi, nel giorno del matrimonio. Enrico e Antonio, i figli di Mauro e Ada, insieme alle loro mogli, brindano ai genitori, che si sono sposati dopo 40 anni vissuti insieme. Mauro ricorda la nascita di Antonio, il primogenito. È il 1967, in Italia cominciano le prime proteste studentesche. Mauro e Ada, innamorati e felici, sono iscritti all'università, lui alla Facoltà di legge e lei alla Facoltà di Architettura, e aderiscono al movimento giovanile di protesta, che si sta velocemente diffondendo in tutto il mondo. A Roma, la Facoltà di Architettura è il centro della rivolta. Arriva il 1968 e in Italia, come nel resto del mondo, esplode la protesta: milioni di giovani si uniscono nel nome degli ideali di pace, fratellanza universale, libertà. Mauro e Ada, con il piccolo Antonio, pieni di speranze di cambiare il mondo, partecipano attivamente al movimento, fanno attività politica, vanno ai concerti di musica rock... Durante una manifestazione, Mauro ritrova il suo vecchio amico Chicco. Si capisce che i due amici non si vedono da molto tempo, probabilmente la relazione di Mauro con Ada, di cui anche Chicco era innamorato, li ha allontanati. Ma ora sono felici di rivedersi. Alla fine Mauro dice a Chicco che lui e Ada stanno per avere un secondo figlio, e che lo chiameranno Enrico.

modulo quattro | società

comunicazione	grammatica	lessico	testi scritti e *orali*	cultura
Descrivere la casa ▸ *È al piano terra*	Il condizionale presente	La casa: tipi di abitazione, stanze e mobilia	Annunci immobiliari	La casa per gli italiani
Leggere e scrivere annunci immobiliari ▸ *Affittasi monolocale...*			*Dialogo tra marito e moglie* 🎧	I mercatini in Italia
Parlare dell'arredamento ▸ *Il lampadario no! È orribile!*				
Esprimere un desiderio, un dubbio, una possibilità ▸ *Io vorrei vederlo lo stesso*				
Esprimere opinioni su una casa da comprare o affittare ▸ *È troppo caro*				

1 ▸ Introduzione
Trascrizione 🎧19

> Guarda il disegno. Ora chiudi gli occhi. Pensa al disegno che hai appena visto. Cosa ti viene in mente? Ora apri gli occhi e scrivi intorno al disegno tutto quello che hai immaginato: nomi, colori, immagini, storie...

Obiettivo ▸ introdurre il tema dell'unità in un clima rilassato e favorevole all'apprendimento.

Procedimento ▸ **1a** • creare un ambiente il più possibile rilassato, facendo sedere gli studenti in cerchio, abbassando le luci, e eventualmente scrivendo in grande alla lavagna la parola RELAX. Comunicare che ascolteranno un brano di musica e parole e che dovranno abbandonarsi all'immaginazione. Far aprire il libro a pagina 76 e far partire l'audio senza dire altro. **1b** • seguire le consegne dell'attività.

Riquadro | La casa per gli italiani
A questo punto è possibile introdurre il riquadro sulla casa in Italia. Le informazioni possono costituire uno spunto per una discussione sull'argomento, invitando gli studenti a fare una comparazione tra l'Italia e il loro Paese rispetto ai vari punti (percentuale di case di proprietà e case in affitto, età media in cui si lascia la casa dei genitori, abitudine a ricevere ospiti).

2 ▸ Leggere | Affittasi
Obiettivo ▸ sviluppare la capacità di lettura (annunci immobiliari).

Procedimento ▸ seguire le consegne dell'attività e le indicazioni dell'introduzione. Specificare che bisogna scrivere nel cerchio di ogni foto il numero dell'annuncio a cui si riferisce (2 foto si riferiscono allo stesso annuncio)

Soluzione ▸ foto in alto a destra: annuncio n° 4; foto al centro a sinistra: annuncio n° 1; foto al centro a destra: annuncio n° 1; foto in basso a sinistra: annuncio n° 3; foto in basso a destra: annuncio n° 2.

3 ▸ Analisi lessicale | Le stanze
Obiettivo ▸ acquisire il lessico relativo alla casa.

Procedimento ▸ **3a** • seguire le consegne dell'attività e le indicazioni dell'introduzione. **3b** • far svolgere il compito individualmente e poi procedere a un confronto a coppie.

Soluzione ▸ **3a/3b** • *vedi la prossima pagina*

4 ▸ Parlare | Questa è la mia casa
Obiettivo ▸ sviluppare la capacità di produzione libera orale (descrivere la propria casa, reale o immaginaria).

Procedimento ▸ seguire le consegne dell'attività e le indicazioni dell'introduzione. È importante che gli studenti svolgano l'attività calandosi completamente nella parte, è bene quindi organizzare lo spazio in modo da lasciare liberi gli studenti di muoversi e di simulare adeguatamente la scena, e di aprire se necessario porte e finestre per attraversare, mostrare e descrivere le varie stanze agli "ospiti".

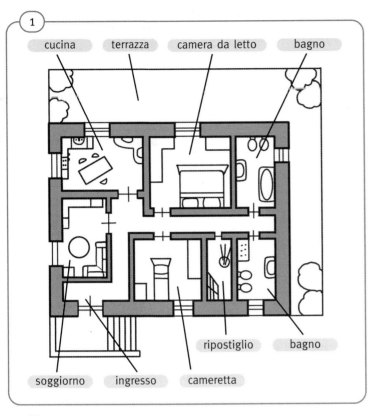

① cucina terrazza camera da letto bagno soggiorno ingresso cameretta ripostiglio bagno

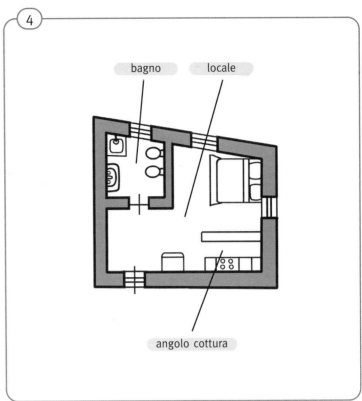

④ bagno locale angolo cottura

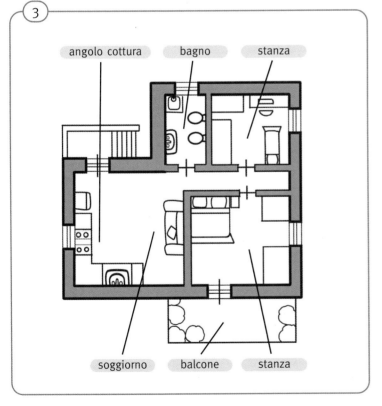

③ angolo cottura bagno stanza soggiorno balcone stanza

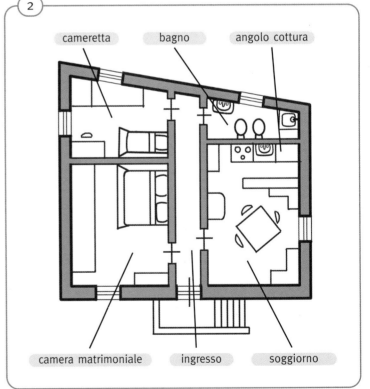

② cameretta bagno angolo cottura camera matrimoniale ingresso soggiorno

5 ▸ Ascoltare | Scegliere una casa
Trascrizione 🔊 20

Alberto	Ciao!
Carolina	Ciao amore!
Alberto	Ciao. Uh che giornataccia, ho un mal di testa!
Carolina	Mannaggia! Ti preparo qualcosa?
Alberto	No, no, no, mi devo solo rilassare un po'. Mi metto sul divano...
Carolina	Uuhh... ma ti sei messo il maglione nuovo! Che bello!
Alberto	Sì, è molto caldo, lo sai?
Carolina	Che bello! Ti sta benissimo.
Alberto	Mmh... è molto bello.
Carolina	Senti, oggi sono andata a vedere un paio di appartamenti e non... non ho trovato niente.
Alberto	Ah...
Carolina	Però domani vorrei vedere altri due appartamenti, solo che sono un po' indecisa. Mi dai una mano? Porto il giornale dell'agenzia, mi aiuti a scegliere...
Alberto	Adesso?
Carolina	E quando?
Alberto	È che adesso...
Carolina	Prendo il giornale...
Alberto	Va bene...
Alberto	Vediamo un po', dai.
Carolina	Allora... in centro ho trovato solo questo. È al piano terra, tutto nuovo... sembra molto carino, a giudicare dalle foto...
Alberto	Sì ma non mi va di andare in un appartamento così piccolo!
Carolina	Ma tu non vuoi restare in centro, scusa? Vicino al lavoro, vicino a tua madre...
Alberto	Sì ho capito... ma non ci credo che non c'è niente di meglio! Dai!
Carolina	Guarda... di appartamenti interessanti che potrebbero andare bene per noi...
Alberto	...anche pensando ad un bambino che potrebbe arrivare da un momento all'altro, poi, scusa...
Carolina	Ma certo... Guarda, a due passi dal centro ci sarebbe questo. Per noi sarebbe perfetto.
Alberto	Ma è troppo caro... questo qui invece?
Carolina	No, guarda le foto... ha un'aria così vecchia! Sembra la casa di tua madre con questi armadi!
Alberto	Eh, ma tanto ci portiamo i nostri di armadi no? Non vorrai mica buttare le nostre cose! La libreria, il divano, l'armadio della camera da letto...
Carolina	Non saprei...
Alberto	...i comodini, il lampadario...
Carolina	No, il lampadario no! È orribile!
Alberto	A me non sembra!
Carolina	Va be', poi vediamo! Ora il lampadario non è il problema.
Alberto	Io comunque andrei a vederlo! È molto grande e non costa neanche troppo.
Carolina	E va bene, lo vado a vedere domani. E magari vado a dare un'occhiata anche a quello di prima.

Alberto	Quello carissimo?
Carolina	Però, guarda: è tutto compreso, non ci sono altre spese...
Alberto	E ci mancherebbe altro! Guarda: quello che vuoi tu costa quasi quanto questa villetta tutta ristrutturata!
Carolina	Sì ma quella è fuori città, mentre quello che piace a me è quasi in centro. Io vorrei vederlo lo stesso.
Alberto	Va bene, facciamo come vuoi tu...
Carolina	Altrimenti ci sarebbe sempre l'altra agenzia. Quella che hai contattato tu la settimana scorsa. Potremmo fargli una telefonata anche subito.
Alberto	Senti Carolina, io adesso non mi sento per niente bene. Possiamo riparlarne domani?
Carolina	Va bene, dai. Ora riposati un po'.
Alberto	Ecco.

Obiettivo ▸ sviluppare la competenza di ascolto (dialogo tra marito e moglie su annunci immobiliari).

Procedimento ▸ 5a • seguire le consegne dell'attività e le indicazioni dell'introduzione. 5b • far svolgere il compito individualmente e poi procedere a un confronto a coppie. Attenzione: gli annunci di cui discutono Carolina e Alberto sono gli stessi dell'attività 2, tuttavia in questo caso la numerazione degli annunci non corrisponde a quella dell'attività 2, ma segue l'ordine di comparizione nel dialogo.

Soluzione ▸ 5a • annuncio n° 1 e n° 3. 5b •

	Alberto		Carolina	
	+	−	+	−
Annuncio 1		è troppo piccolo	è in centro, tutto nuovo, sembra molto carino, è vicino al lavoro di Alberto e alla casa di sua madre	
Annuncio 2		è troppo caro, costa quasi quanto la villetta ristrutturata	è a due passi dal centro, è tutto compreso, non ci sono altre spese	
Annuncio 3	è molto grande e non costa neanche troppo			ha un'aria vecchia, sembra la casa della madre di Alberto, ha un lampadario orribile
Annuncio 4	è tutta ristrutturata			è fuori città

6 ▸ Analisi lessicale | L'arredamento della casa
Trascrizione 🔊 21

Carolina	No, guarda le foto... ha un'aria così vecchia! Sembra la casa di tua madre con questi armadi!
Alberto	Eh, ma tanto ci portiamo i nostri di armadi no? Non vorrai mica buttare le nostre cose! La libreria, il divano, l'armadio della camera da letto...
Carolina	Non saprei...
Alberto	...i comodini, il lampadario...
Carolina	No, il lampadario no! È orribile!

Obiettivo ▸ acquisire il lessico relativo all'arredamento.

Procedimento ▸ seguire le consegne dell'attività. Far svolgere il compito individualmente e poi procedere a un confronto a coppie.

Soluzione ▸ *camera da letto*: armadio, comodino; *cameretta*: libreria; *bagno*: / ; *soggiorno*: divano, lampadario; *cucina*: / .

7 ▸ Gioco | In casa

Obiettivo ▸ praticare e fissare il lessico relativo all'arredamento.
Procedimento ▸ mettere gli studenti in coppie, ogni coppia gioca utilizzando un solo libro. Poi seguire le consegne dell'attività e le indicazioni dell'introduzione.

8 ▸ Analisi grammaticale | Il condizionale

Obiettivo ▸ imparare la coniugazione del condizionale presente e riflettere su alcune delle sue funzioni.
Procedimento ▸ **8a/8b** • seguire le consegne dell'attività. Alla fine del punto **8b** procedere a un confronto a coppie. **8c** • far svolgere il compito a coppie, le stesse del punto precedente. **8d** • seguire le consegne dell'attività. **8e** • l'attività può essere svolta anche come un gioco a squadre. Vince la squadra che completa per prima la coniugazione dei 3 verbi *parlare*, *prendere* e *venire*. Non è necessario completare il cruciverba, che serve solo come verifica.
Soluzione ▸ **8a** • *presente:* Va, vuoi, mi sento, Possiamo, Va; *passato prossimo:* hai contattato; *imperativo:* facciamo, Senti, *dai*, riposati; *infinito:* vederlo, *fargli*, riparlarne; *condizionale:* vorrei, ci sarebbe, Potremmo. **8b** • vorrei / volere, ci sarebbe / esserci, potremmo / potere. **8c** • desiderio, dubbio / incertezza, possibilità. **8d** • essere: sarei, saresti, *sarebbe*, saremmo, *sareste*, sarebbero; volere: *vorrei*, vorresti, vorrebbe, vorremmo, vorreste, *vorrebbero*; potere: potrei, *potresti*, potrebbe, *potremmo*, potreste, potrebbero. **8e** •

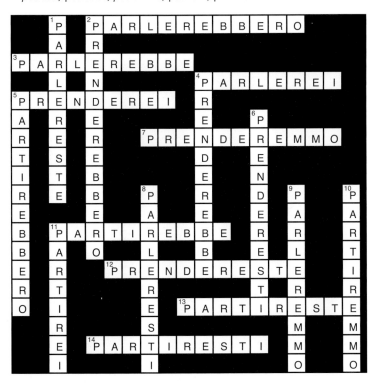

parlare: 4→ *parlerei*, 8↓ parleresti, 3→ parlerebbe, 9↓ parleremmo, 1↓ parlereste 2→ parlerebbero; prendere: 5→ prenderei, 6↓ prenderesti, 4↓ prenderebbe, 7→ prenderemmo, 12→ prendereste, 2↓ prenderebbero; partire: 11↓ partirei, 14→ partiresti, 11→ partirebbe, 10↓ partiremmo, 13→ partireste, 5↓ partirebbero.

9 ▸ Esercizio | Il mobile umano

Obiettivo ▸ praticare l'uso del condizionale presente.
Procedimento ▸ **9a** • seguire le consegne dell'attività. Spiegare agli studenti che dovranno scrivere (meglio su un foglio) calandosi nel ruolo di un mobile / oggetto. Per la scelta, possono aiutarsi con la lista di mobili / oggetti dell'attività 7. **9b** • dopo la prima parte, quando cioè ogni gruppo avrà scelto la lettera più convincente, prevedere una fase di editing secondo le modalità della revisione tra pari descritte nell'introduzione alla sezione *Scrivere*. Quando ogni gruppo avrà elaborato una versione soddisfacente della lettera scelta, passare alla seconda parte di lettura in plenum e votazione.

> ### Riquadro | I mercatini in Italia
> A questo punto si può introdurre il riquadro sui mercatini, che può dare lo spunto per confronti e approfondimenti, da sviluppare eventualmente via internet. Se la situazione lo permette, si potrebbe organizzare anche un mercatino della classe, in cui ogni studente mette in vendita un oggetto, con apposito prezzo e descrizione.

10 ▸ Esercizio | Il mobile umano

Obiettivo ▸ sviluppare la capacità di produzione libera scritta e orale (scrivere un annuncio, condurre e sostenere un colloquio).
Procedimento ▸ **10a/10b/10c/10d/10e** • seguire le consegne dell'attività. Alcune avvertenze: al punto **10a**, a ogni studente viene attribuito un numero, saranno quindi automaticamente divisi in un gruppo di numeri pari e un gruppo di numeri dispari, rimanendo però mischiati nella classe, senza cioè spostarsi dai loro posti. Al punto **10b**, dire agli studenti che l'annuncio va scritto su un foglio, non sul libro. Al punto **10e**, fare in modo che le coppie non siano le stesse del punto **10d**.

> ## unità 9 | cerco casa
>
> ## attività finale
>
> Procedimento ▸ seguire la procedura descritta nell'introduzione.
> Soluzione ▸ Descrivere la casa ▸ *È al piano terra*
> Leggere e scrivere annunci immobiliari ▸ *Affittasi monolocale...*
> Parlare dell'arredamento ▸ *Il lampadario no! È orribile!*
> Esprimere un desiderio, un dubbio, una possibilità ▸ *Io vorrei vederlo lo stesso*
> Esprimere opinioni su una casa da comprare o affittare ▸ *È troppo caro*

unità 10 | come ti senti?

comunicazione	grammatica	lessico	testi scritti e *orali*	cultura
Chiedere e dire come ci si sente ▸ *Come va?* ▸ *Non mi sento molto bene*	I nomi irregolari	Farmaci e malattie	Gli italiani e la salute *Dialogo in farmacia*	Il sistema sanitario in Italia
Parlare della propria salute ▸ *Ho tosse, mal di gola...*	Il *si* impersonale			
Chiedere e dare informazioni sui farmaci ▸ *Cos'è? Un antibiotico?* ▸ *No, è un antinfluenzale*	L'imperativo formale affermativo e negativo			
Esprimere sensazioni fisiche e stati d'animo ▸ *Sento un gran freddo*	L'imperativo formale con i pronomi			
Chiedere e dare consigli ▸ *Scusi, e per la gola?* ▸ *Può fare degli sciacqui*	I connettivi *allora*, *insomma*, ecc.			

1 ▸ Introduzione

Obiettivo ▸ acquisire il lessico necessario a iniziare l'unità.

Procedimento ▸ seguire le consegne dell'attività.

Conclusione ▸ si può eventualmente chiedere agli studenti se conoscono il nome in italiano di altri disturbi o malattie.

Soluzione ▸ *da sinistra a destra:* 5. mal di stomaco, 4. influenza, 7. mal di orecchie, 2. mal di gola, 8. mal di denti, 1. mal di schiena, 6. mal di testa, 3. *raffreddore*.

2 ▸ Leggere | Influenza, raffreddore, mal di denti

Obiettivo ▸ sviluppare la capacità di lettura (alcuni dati sugli italiani e la salute).

Procedimento ▸ seguire le consegne dell'attività, spiegando che nel caso della prima scheda gli studenti dovranno inserire i disturbi in ordine decrescente, dal più diffuso al meno diffuso.

Soluzione ▸ *Di cosa soffrono gli italiani:* 1. mal di testa (44%), 2. raffreddore (39%), 3. mal di gola (32%), 4. influenza e mal di stomaco (24%), 5. mal di denti (20%), 6. mal di schiena e mal di orecchie (non specificato). *In caso di malattia:* Va in farmacia con ricetta (27%), Va in farmacia senza ricetta (23%), Non va in farmacia perché usa medicine che ha in casa (29%), non usa medicine (13%), usa medicine "fatte in casa" (8%).

3 ▸ Analisi lessicale | Il corpo umano

Obiettivo ▸ acquisire il lessico relativo alle parti del corpo.

Procedimento ▸ seguire le consegne dell'attività, facendo notare agli studenti che tutte le parole mancanti sono contenute nel testo dell'attività 2.

Conclusione ▸ alla fine dell'attività si può prevedere una fase di ampliamento lessicale, chiedendo agli studenti se conoscono altri termini indicanti parti del corpo. È poi possibile passare a una riflessione sull'irregolarità di alcuni nomi, maschili al singolare e

femminili al plurale (es. *il braccio / le braccia*), facendo notare anche la particolarità del nome *mano*, irregolare sia al singolare che al plurale (*la mano / le mani*).

Soluzione ▸

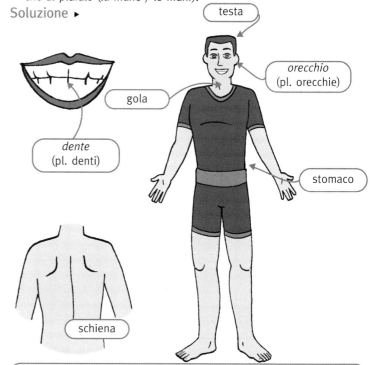

testa

orecchio (pl. orecchie)

gola

dente (pl. denti)

stomaco

schiena

Riquadro | La forma impersonale

A questo punto si può introdurre il riquadro sulla forma impersonale, facendo notare gli esempi tratti dal testo dell'attività 2. Eventualmente aggiungere che quando il verbo ha un oggetto diretto, il verbo concorda con il suo oggetto (*In Brasile si parla il portoghese. / A Bologna si mangiano i tortellini.*).

4 ▸ Gioco | La catena umana

Obiettivo ▸ praticare e fissare il lessico relativo alle parti del corpo.

Procedimento ▸ 4a • preparare un mazzo di bigliettini come indicato nelle consegne dell'attività. I bigliettini possono essere aumentati o diminuiti a seconda del numero degli studenti, in ogni caso è bene prepararne almeno il doppio del numero degli studenti. Avere cura di mischiare il mazzo prima dell'inizio del gioco. 4b • In caso di classi con 10 o più studenti formare gruppi di 4-5 persone, altrimenti formare gruppi più piccoli (almeno 2 gruppi di almeno 3 persone). È bene prima di iniziare il gioco fare una dimostrazione per tutta la classe, assumendo il ruolo dello studente-istruttore e usando un gruppo come "cavia". Chiarire che in ogni gruppo lo studente-istruttore deve pescare un numero di carte pari al doppio del numero degli studenti e leggerne due alla volta, come nell'esempio riportato nel libro. I compagni devono mettersi nella posizione indicata dall'istruttore, come nell'esempio. Quando si arriva all'ultimo studente della catena, questi, a seconda della carta estratta, dovrà toccare una parte del corpo del primo studente, formando in questo modo una sorta di cerchio, senza che gli altri studenti cambino le loro posizioni. Il giro quindi ricomincia dal primo studente, che dovrà assumere la seconda posizione indicata dall'istruttore, senza lasciare la posizione precedente, e così via. Vince il gruppo che riesce a rappresentare più carte (e quindi ad assumere simultaneamente più posizioni). In caso di combinazione troppo difficile o "imbarazzante", è possibile chiedere di cambiare una carta. Il cambio della carta può essere effettuato una sola volta.

5 ▸ Parlare | Di cosa soffri?

Obiettivo ▸ sviluppare la capacità di produzione libera orale (parlare della salute e del rapporto con le medicine).

Procedimento ▸ seguire le consegne dell'attività e le indicazioni dell'introduzione.

6 ▸ Ascoltare | In farmacia

Trascrizione 🎧 22

Farmacista	Buongiorno, mi dica.
Alberto	Buongiorno. Senta, vorrei qualcosa per... scusi... EETTCIU! (*starnutisce*)
Farmacista	Salute!
Alberto	Grazie. Allora dicevo...
Farmacista	... qualcosa per il raffreddore, immagino.
Alberto	Eh, sì. Ma... però non solo. In realtà non mi sento molto bene, ho tosse, mal di gola, mal di testa, insomma... credo di avere l'influenza.
Farmacista	Ha febbre?
Alberto	Non lo so, probabilmente sì, perché sento un gran freddo.
Farmacista	Ma lo sa che non dovrebbe andare in giro in queste condizioni?
Alberto	Sì, lo so, ma come faccio, mi scusi...
Farmacista	Allora, vediamo.

Alberto	EETTCIU! (*starnutisce*) Mi scusi eh?
Farmacista	No, no, niente. Allora, dunque, le posso dare una confezione di Tamiflu.
Alberto	Cos'è? Un antibiotico?
Farmacista	No, è un antinfluenzale. Per l'antibiotico serve la ricetta del medico. Ce l'ha?
Alberto	No, no...
Farmacista	Allora mi dispiace, non glielo posso dare. Comunque, guardi, per il virus dell'influenza non si usa l'antibiotico. In questi casi è meglio un antivirale, come il Tamiflu.
Alberto	D'accordo, allora mi dia questo Tamiflu. Non sono iniezioni però, vero?
Farmacista	No, no, no.
Alberto	Ah ecco, meno male.
Farmacista	Sono compresse, quindi si prende per bocca con un po' d'acqua. Prenda una compressa ogni dodici ore, otto ore in caso di febbre alta. Per cinque giorni.
Alberto	La prendo subito, guardi.
Farmacista	Prima mangi qualcosa però, altrimenti può dare mal di stomaco.
Alberto	Va bene. Scusi, e per la gola?
Farmacista	Può fare degli sciacqui tre volte al giorno con questo collutorio. E le do anche delle gocce per questa brutta tosse. Sono molto efficaci.
Alberto	Sì.
Farmacista	Allora: 25 gocce in un bicchier d'acqua prima dei pasti per 4 volte al giorno.
Alberto	Ho capito: prima dei pasti, ogni 4 ore.
Farmacista	No, veramente ho detto 4 volte al giorno, quindi ogni 6 ore.
Alberto	Ah, giusto, scusi...
Farmacista	Non si dimentichi, mi raccomando.
Alberto	No, no, non si preoccupi. Mi ricordo tutto... più o meno.
Farmacista	Per finire le do anche un po' di vitamine. Ecco, può prendere questo: Vitamix. È uno sciroppo a base di miele. Ne prenda un cucchiaio la mattina e uno la sera, un giorno sì e un giorno no. È facile.
Alberto	Ma... scusi, tutte queste cose per una banale influenza?
Farmacista	Certo. L'influenza sembra una cosa da niente ma può essere pericolosa se non adeguatamente curata. Si può trasformare in polmonite o in qualcosa di peggio, non la sottovaluti.
Alberto	Accidenti. Ma... ma... sta pure piovendo...
Farmacista	Senta, adesso comunque vada subito a casa e si copra bene! Mi raccomando.
Alberto	Sì, sì, sì, grazie, vado subito, stia tranquilla.

Obiettivo ▸ sviluppare la competenza di ascolto (dialogo in farmacia).

Procedimento ▸ 6a/6b • seguire le consegne dell'attività e le indicazioni dell'introduzione. Alla fine del punto b procedere a un confronto a coppie.

Soluzione ▸ 6a • *disturbi:* mal di testa, influenza, raffreddore, tosse, mal di gola. *medicine:* colluttorio, compresse, gocce, sciroppo. **6b •**

disturbo	nome del farmaco	tipo di farmaco	come si prende
influenza	Tamiflu	compresse	1 ogni 12 ore (8 in caso di febbre alta)
mal di gola	/	colluttorio	3 volte al giorno
tosse	/	gocce	25 gocce 4 volte al giorno (o ogni 6 ore)
influenza	Vitamix	sciroppo	2 cucchiai (uno la mattina e uno la sera) un giorno sì e uno no

Riquadro | Il sistema sanitario

Si può ora introdurre il riquadro sul sistema sanitario italiano, che si presta ad essere confrontato con i sistemi in vigore nei Paesi di provenienza degli studenti (in special modo nelle classi miste).

7 ▸ Analisi grammaticale | L'imperativo formale
Trascrizione 🎧 23

Farmacista	Non si dimentichi, mi raccomando.
Alberto	No, no, non si preoccupi. Mi ricordo tutto... più o meno.
Farmacista	Per finire le do anche un po' di vitamine. Ecco, può prendere questo: Vitamix. È uno sciroppo a base di miele. Ne prenda un cucchiaio la mattina e uno la sera, un giorno sì e un giorno no. È facile.
Alberto	Ma... scusi, tutte queste cose per una banale influenza?
Farmacista	Certo. L'influenza sembra una cosa da niente ma può essere pericolosa se non adeguatamente curata. Si può trasformare in polmonite o in qualcosa di peggio, non la sottovaluti.
Alberto	Accidenti. Ma... ma... sta pure piovendo...
Farmacista	Senta, adesso comunque vada subito a casa e si copra bene! Mi raccomando.
Alberto	Sì, sì, sì, grazie, vado subito, stia tranquilla.

Obiettivo ▸ imparare la coniugazione dell'imperativo formale, anche in combinazione con i pronomi.

Procedimento ▸ 7a • è importante non far ascoltare subito l'audio, ma far lavorare gli studenti sulla trascrizione, prima individualmente e poi a coppie, lasciandoli liberi di riflettere sul testo e di fare le loro ipotesi. L'ascolto va proposto alla fine come

verifica. **7b •** chiarire che nella tabella vanno trascritti gli imperativi alla forma base, senza cioè i pronomi presenti nel testo. **7c •** chiedere agli studenti di sottolineare nel testo del punto a tutti gli imperativi formali con il pronome e poi di completare la regola.

Conclusione ▸ eventualmente, chiedere agli studenti se ricordano come si posizionano i pronomi con l'imperativo informale affermativo e negativo (vedi **Modulo 3**) e far notare le differenze.

Soluzione ▸ 7a • Vada subito a casa - non si dimentichi; non la sottovaluti - non si preoccupi; stia tranquilla - si copra bene. *Resta al suo posto* Ne prenda un cucchiaio. **7b •** *verbi regolari* - sottovalutare: (non) sottovaluti, prendere: (non) prenda, coprire: (non) coprire; *verbi irregolari* - andare: (non) vada, stare: (non) stia. **7c •** Nell'imperativo formale il pronome sta sempre **prima del** verbo.

8 ▸ Gioco | Ho mal di testa

Obiettivo ▸ praticare e fissare la coniugazione dell'imperativo formale in combinazione con i pronomi.

Procedimento ▸ seguire le consegne dell'attività e le indicazioni dell'introduzione, avendo cura, prima di far cominciare il gioco, di mostrarne il funzionamento alla classe, utilizzando uno studente come "cavia" e l'esempio riportato sul libro. Chiarire bene che ogni disegno rappresenta un disturbo di cui gli studenti conoscono già il termine, avendolo incontrato più volte nel corso dell'unità; che a turno uno studente / paziente deve scegliere un disturbo dalla lista, combinandolo con il giusto rimedio, formulando la domanda come nell'esempio; e che lo studente / medico deve rispondere usando l'imperativo affermativo o negativo + il pronome, come nell'esempio, a seconda che l'abbinamento effettuato dal compagno sia giusto o meno. Spiegare anche il meccanismo di assegnazione dei punti, chiarendo che ogni studente giudica di volta in volta anche la correttezza grammaticale della frase formulata dal compagno, e che in caso di contestazioni si può consultare l'insegnante.

Soluzione ▸ forniamo qui di seguito una soluzione in cui ogni disturbo è combinato con il giusto rimedio, dunque in questo caso il medico dovrà rispondere sempre con l'imperativo positivo. Riportiamo tra parentesi anche la soluzione con l'imperativo negativo, da utilizzare nel caso in cui il rimedio previsto dal paziente non sia quello giusto (in questo caso le combinazioni possibili sono molte).

1. Paziente - Dottore, ho mal di gola, posso fare gli sciacqui con il collutorio?
   Medico - Sì, li faccia! / (No, non li faccia!)

2. Paziente - Dottore, ho l'influenza, posso comprare una medicina antinfluenzale?
   Medico - Sì, la compri / (No, non la compri!)

3. Paziente - Dottore, ho mal di denti, posso prendere delle compresse antidolorifiche?
   Medico - Sì, le prenda! / (No, non le prenda!)

4. *Paziente - Dottore, ho mal di testa, posso bere una tisana rilassante?*
   Medico - Sì, la beva! / (No, non la beva!)

5. Paziente - Dottore, ho mal di stomaco, posso provare uno sciroppo digestivo?
   Medico - Sì, lo provi! / (No, non lo provi!)

6. Paziente - Dottore, ho mal di schiena, posso seguire un corso di yoga?
   Medico - Sì, lo segua! / (No, non lo segua!)

7. Paziente - Dottore, ho mal di orecchie, posso mettere le gocce?
   Medico - Sì, le metta! / (No, non le metta!)

8. Paziente - Dottore, ho il raffreddore, posso usare uno spray per liberare il naso?
   Medico - Sì, lo usi! / (No, non lo usi!)

9 ▸ Analisi della conversazione | I connettivi
Trascrizione 🎧 24

Farmacista	Buongiorno, mi dica.
Alberto	Buongiorno. Senta, vorrei qualcosa per... scusi... EETTCIU! (*starnutisce*)
Farmacista	Salute!
Alberto	Grazie. Allora dicevo...
Farmacista	... qualcosa per il raffreddore, immagino.
Alberto	Eh, sì. Ma... però non solo. In realtà non mi sento molto bene, ho tosse, mal di gola, mal di testa, insomma... credo di avere l'influenza.
Farmacista	Ha febbre?
Alberto	Non lo so, probabilmente sì, perché sento un gran freddo.

Obiettivo ▸ praticare e fissare la coniugazione dell'imperativo formale in combinazione con i pronomi.
Procedimento ▸ 9a • in questo caso è importante non far ascoltare subito l'audio, ma far lavorare gli studenti sulla trascrizione, prima individualmente e poi eventualmente a coppie, lasciandoli liberi di riflettere sul testo e di fare le loro ipotesi. L'ascolto va proposto alla fine come verifica. 9b • seguire le consegne dell'attività. A richiesta, gli studenti possono riascoltare

l'audio, in modo da cogliere meglio il valore pragmatico dei connettivi all'interno del discorso orale.
Soluzione ▸ 9a • *senta*, Allora, immagino, In realtà, insomma, perché. 9b • Introduce un discorso n° 1, Introduce una conclusione n° 5, Introduce una precisazione n° 4, Introduce una spiegazione n° 6, Riprende un discorso precedente n° 2, Segnala un'ipotesi n° 3.

10 ▸ Parlare | Dal medico
Obiettivo ▸ sviluppare la capacità di produzione libera orale (visita medica).
Procedimento ▸ seguire le consegne dell'attività e le indicazioni dell'introduzione, invitando gli studenti a rappresentare la scena in modo dinamico e realistico, calandosi nella parte a loro assegnata e organizzando lo spazio come un vero studio medico.

unità 10 | come ti senti?

attività finale
Procedimento ▸ seguire la procedura descritta nell'introduzione.
Soluzione ▸ I nomi irregolari ▸ *dito / dita*
Il si impersonale ▸ *Ma cosa si fa in Italia in caso di malattia?*
L'imperativo formale affermativo e negativo ▸ *Vada subito a casa!*
L'imperativo formale con i pronomi ▸ *Non la sottovaluti!*
I connettivi *allora, insomma*, ecc. ▸ *Allora, dicevo...*

PAGINA DELLA FONETICA

La soluzione è nel DVD rom.

STORIA A FUMETTI

episodio quattro

Riassunto ▶ Mauro continua nel racconto della sua vita: la storia d'amore con Ada, la nascita del primo figlio Antonio nel 1967, il periodo dell'università e delle rivolte studentesche a cui lui e Ada partecipano attivamente, le speranze di cambiamento e gli ideali del 1968, l'incontro dopo molto tempo con l'amico Chicco, a cui rivela di stare per diventare padre una seconda volta.

Episodio 4 ▶ Siamo di nuovo ad oggi, nel giorno del matrimonio. Alla festa ci sono tutti, tranne il vecchio amico Chicco. La moglie di uno dei figli chiede ad Ada di raccontare come è nata la sua storia d'amore con Mauro. Dalla risposta di Ada si intuisce che la loro relazione ha attraversato varie fasi, non tutte buone. È così che Mauro riprende il suo racconto: dopo l'università lui ed Ada sono andati a vivere in una casa più grande, insieme ai due bambini. Con loro è spesso anche Chicco, ma il rapporto tra i due amici è difficile: mentre Mauro, diventato avvocato, studia per intraprendere la carriera di giudice, Chicco prende la strada della lotta armata e si unisce al gruppo terroristico delle Brigate Rosse, che negli anni settanta compie in Italia molti attentati. Le cose peggiorano quando Mauro scopre il tradimento di Ada con Chicco. Mauro caccia di casa Ada e rimane solo con i due bambini. Nel 1977 Mauro diventa giudice. Siamo nel pieno degli "anni di piombo", gli anni del terrorismo e della violenza armata contro lo Stato. Un giorno la polizia arresta Chicco, diventato terrorista, e Mauro si trova a giudicare il vecchio amico nel processo. Ada e Silvia cercano di convincerlo a non condannarlo, in nome della vecchia amicizia, ma Mauro fa fino in fondo il suo dovere e condanna Chicco a 5 anni.

modulo cinque | geografia

unità 11 | che tempo fa?

comunicazione	grammatica	lessico	testi scritti e *orali*	cultura

Parlare del tempo meteorologico
▸ *Fa caldo*

Parlare di azioni future e possibili
▸ *I mari saranno calmi*

Fare previsioni ▸ *Come sarà il mondo tra vent'anni*

I verbi impersonali
(*piovere*, *nevicare*)

Il futuro semplice

Le espressioni *fa freddo / caldo*, *è bello / brutto*, ecc.

Previsioni del tempo 🎧

Il tempo in Italia

---

1 ▸ Introduzione

Obiettivo ▸ acquisire il lessico necessario ad iniziare l'unità, attivare le conoscenze pregresse e introdurre al tema dell'unità.

Procedimento ▸ **1a** • mettere gli studenti in cerchio, senza niente davanti. Il libro in questa fase non serve. Abbassare la luce e dare l'istruzione parlando in modo rilassato e tranquillo. È importante che gli studenti si rilassino davvero e non abbiano altro input che i rumori che vengono dall'audio. **1b** • far aprire il libro a pag. 96 e seguire le consegne dell'attività. Eventualmente lanciare ancora l'audio mentre gli studenti svolgono il compito.

Soluzione ▸ **1b** • n° 2 fa caldo, n° 4 nevica e fa freddo, n° 1 c'è vento, n° 3 piove.

2 ▸ Ascoltare

Trascrizione 🎧 26

Silvia	Ma allora... chi è questo Pablo che telefona sempre?
Carla	Ma dai! È quel ragazzo che ho conosciuto il mese scorso.
Silvia	Quello argentino?
Carla	Esatto!
Silvia	E brava Carla!
Carla	Pensa che domani dovrei andare al mare con lui.
Silvia	Ma dai!
Carla	Mah... lui mi ha invitato, ma dipende da come sarà il tempo, adesso sta piovendo... Aspetta, sentiamo le previsioni.

(...di aria calda e alta pressione un po' dappertutto....)

"Dopo le piogge e il freddo di questi giorni quindi, finalmente oggi sole e bel tempo su tutta la penisola con cielo sereno e temperature in aumento dal Nord al Sud.

Il bel tempo continuerà nel fine settimana. Domani infatti avremo una bella giornata, solo poche nuvole sparse al nord e cielo sereno e caldo intenso al centro e al sud. Palermo avrà la temperatura più alta, con 31 gradi, Bolzano la più bassa, con 22 gradi.

I mari saranno calmi. Venti deboli da sud sud ovest.

Il sole splenderà anche domenica, farà quindi ancora caldo con lievi differenze tra il versante tirrenico e quello adriatico, ma senza grandi variazioni rispetto a sabato. Nuvole in arrivo sulle Alpi orientali. Le temperature resteranno stabili. La città più calda sarà ancora Palermo con 30 gradi, Trento la più fredda con 20 gradi.

Mari calmi o poco mossi, con venti di scirocco provenienti dalla Libia che porteranno nei prossimi giorni un clima africano caratterizzato da sole e caldo torrido."

Silvia	Ma... hai sentito? Roba da pazzi!
Carla	Io non so che dire... Certo io al mare con la pioggia non ci vado! Va be'... Adesso provo a telefonare a Pablo per vedere cosa ne pensa.

Obiettivo ▸ sviluppare la competenza di ascolto (dialogo tra amiche e previsioni del tempo).

Procedimento ▸ **2a/2b** • seguire le consegne dell'attività e le indicazioni dell'introduzione.

Soluzione ▸ **2a** • 1. è venerdì. Si capisce dalla frase *oggi sole e bel tempo su tutta la penisola con cielo sereno e temperature in aumento dal Nord al Sud. Il bel tempo continuerà nel fine settimana. Domani infatti avremo una bella giornata.* 2. La cosa strana è che si sente la pioggia molto forte, mentre le previsioni dicono che in quel momento c'è *sole e bel tempo su tutta la penisola.* **2b** • venerdì: 4, sabato: 2, domenica: 3.

3 ▸ Analisi lessicale | Previsioni del tempo
Trascrizione 🎧27

> Dopo le piogge e il freddo di questi giorni quindi, finalmente oggi sole e bel tempo su tutta la penisola con cielo sereno e temperature in aumento dal Nord al Sud.
> Il bel tempo continuerà nel fine settimana. Domani infatti avremo una bella giornata, solo poche nuvole sparse al nord e cielo sereno e caldo intenso al centro e al sud. Palermo avrà la temperatura più alta, con 31 gradi, Bolzano la più bassa, con 22 gradi.
> I mari saranno calmi. Venti deboli da sud sud ovest.
> Il sole splenderà anche domenica, farà quindi ancora caldo con lievi differenze tra il versante tirrenico e quello adriatico, ma senza grandi variazioni rispetto a sabato. Nuvole in arrivo sulle Alpi orientali. Le temperature resteranno stabili. La città più calda sarà ancora Palermo con 30 gradi, Trento la più fredda con 20 gradi. Mari calmi o poco mossi, con venti di scirocco provenienti dalla Libia che porteranno nei prossimi giorni un clima africano caratterizzato da sole e caldo torrido.

Obiettivo ▸ imparare il lessico per descrivere le condizioni meteorologiche.

Procedimento ▸ 3a/3b • seguire le consegne dell'attività e le indicazioni dell'introduzione.

Soluzione ▸ 3a • *sole*, cielo, nuvole, gradi, Venti, caldo, gradi, calmi. 3b • *temperature* | *in diminuzione*; *temperature* | *in aumento* - fa | caldo; fa | freddo - cielo | nuvoloso; cielo | sereno - mare | calmo; mare | mosso - vento | forte; vento | debole - ci sono | meno di 10 gradi; ci sono | 30 gradi.

> **Riquadro | Piove e fa freddo**
> Per parlare del tempo si usano molto i verbi impersonali ed espressioni spersonalizzanti. Introdurre a questo punto il riquadro può essere utile per affrontare l'argomento in modo leggero, senza approfondire l'aspetto grammaticale ma mostrando le espressioni come formule fisse.

4 ▸ Esercizio | Che tempo fa?
Obiettivo ▸ fissare il lessico per descrivere le condizioni meteorologiche e sviluppare la capacità di produzione orale (dire che tempo fa).

Procedimento ▸ 4a/4b/4c/4d • seguire le consegne dell'attività e le indicazioni dell'introduzione. Per quanto riguarda il punto 4c si consiglia di preparare l'aula disponendo le sedie una di spalle all'altra, come descritto nell'istruzione.

5 ▸ Analisi grammaticale | Il futuro semplice
Obiettivo ▸ imparare la coniugazione e l'uso del futuro semplice.

Procedimento ▸ 5a/5b • seguire le consegne dell'attività e le indicazioni dell'introduzione. 5c • annunciare agli studenti che ora faranno un gioco per vedere chi riesce a ricostruire meglio la

coniugazione del futuro semplice, utilizzando quello che hanno scoperto nei due punti precedenti. Quindi dividere la classe in squadre di 3/5 studenti, dare l'istruzione e lanciare il gioco seguendo le indicazioni dell'introduzione. Le parole nel crucipuzzle sono in orizzontale da sinistra verso destra e in verticale dall'alto verso il basso. L'insegnante che riceve la soluzione guarda solamente le tabelle del futuro e non il crucipuzzle, che non è obbligatorio completare.

Soluzione ▸ 5a • domani. 5b • continuare ▸ continuerà; avere ▸ avremo; sparire ▸ no; avere ▸ avrà; sapere ▸ no; essere ▸ saranno; splendere ▸ splenderà; fare ▸ farà; restare ▸ resteranno; sapere ▸ no; essere ▸ sarà; potere ▸ no; portare ▸ porteranno.

5c •

	restare	scrivere	partire	essere	avere	venire
io	resterò	scriverò	partirò	sarò	avrò	verrò
tu	resterai	scriverai	*partirai*	sarai	avrai	verrai
lui/lei	resterà	scriverà	partirà	*sarà*	*avrà*	verrà
noi	resteremo	scriveremo	partiremo	saremo	*avremo*	verremo
voi	resterete	scriverete	partirete	sarete	avrete	verrete
loro	*resteranno*	scriveranno	partiranno	*saranno*	avranno	verranno

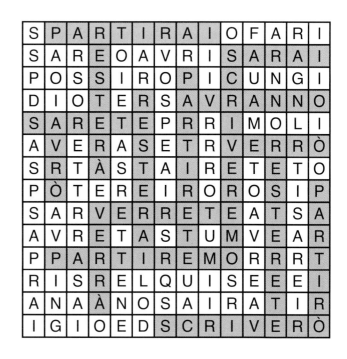

Riquadro | Modi di dire con il tempo

A questo punto si può introdurre il riquadro sui modi di dire con il tempo. Può essere interessante verificare se ci sono dei modi di dire in altre lingue / culture che abbiano lo stesso obiettivo semantico / funzionale, o solo vedere quali altri modi di dire con il tempo ci sono in altre lingue. Può essere simpatico, soprattutto in classi monolingue, vedere cosa succede traducendo letteralmente i modi di dire. In classi multilingue si può fare un cartellone con i modi di dire italiani e i corrispondenti in altre lingue.

6 ▸ Parlare | Ricordi

Obiettivo ▸ sviluppare la capacità di produzione orale (fare previsioni).
Procedimento ▸ **6a/6b** • seguire le consegne dell'attività e le indicazioni dell'introduzione.

unità **11** | **che tempo fa?**

attività finale

Procedimento ▸ seguire la procedura descritta nell'introduzione.
Soluzione ▸ I verbi impersonali (*piovere*, *nevicare*); Il futuro semplice.

unità **12** | dove vai in vacanza?

comunicazione	grammatica	lessico	testi scritti e *orali*	cultura
Descrivere una località turistica ▶ *Situato a due passi dal mare...*	Il futuro semplice per fare ipotesi nel presente	Le espressioni con preposizione *nel cuore di, a due passi da, in cima a*, ecc.	Pacchetti turistici	In spiaggia
Fare la valigia ▶ *Ce l'hai messo il dentifricio?*	Le esclamazioni		*Conversazione tra amiche* 🎧	Gli italiani e le vacanze
Fare ipotesi e previsioni ▶ *Ce l'avranno in albergo*		Gli oggetti da viaggio		

1 ▶ Analisi lessicale | Offerte last minute

Obiettivo ▶ sviluppare la capacità di lettura (offerte di pacchetti turistici).

Procedimento ▶ **1a/1b** • seguire le consegne dell'attività e le indicazioni dell'introduzione.

Soluzione ▶ **1a** • *una piccola scogliera - un antico monastero*; dei rifugi - della stagione; costume da bagno - TV satellitare; la stagione - la valle naturale; gli impianti da sci - i sapori.
1b • *Carla non va a* Conegliano Veneto - Valli del Prosecco *e a* Cervinia. (Queste due località infatti non sono al mare mentre Carla andrà in un posto di mare).

Riquadro | In spiaggia

Il riquadro permette di affrontare un po' del lessico specifico della spiaggia, luogo turistico molto amato dagli italiani. Naturalmente l'insegnante può decidere di integrare con altre informazioni anche rispondendo a domande e curiosità degli studenti.

---

2 ▶ Analisi lessicale | Espressioni preposizionali

Obiettivo ▶ imparare alcune espressioni preposizionali utili a collocare o indicare qualcosa o qualcuno.

Procedimento ▶ seguire le consegne dell'attività e le indicazioni dell'introduzione soffermandosi sulla trasformazione della preposizione, che nel testo sarà articolata (*nel cuore dell'arcipelago* ▶ *nel cuore di*).

Soluzione ▶ *proprio al centro di* ▶ *nel cuore di*; molto vicino a ▶ a due passi da; da dove è possibile vedere ▶ con vista su; per trovare / esplorare ▶ alla scoperta di; sopra ▶ in cima a; da dove è possibile vedere ▶ con vista su.

3 ▶ Scrivere | Una località turistica

Obiettivo ▶ sviluppare la capacità di produzione scritta (scrivere una presentazione del proprio Paese).

Procedimento ▶ seguire le consegne dell'attività e le indicazioni dell'introduzione.

4 ▶ Analisi lessicale | In valigia

Obiettivo ▶ imparare i nomi degli oggetti da inserire in valigia per un viaggio di piacere.

Procedimento ▶ seguire le consegne dell'attività e le indicazioni dell'introduzione.

Soluzione ▶ vestito da sera, costume da bagno, telo da mare, bermuda, ombrellone, cappello, dentifricio, spazzolino, beauty case, crema solare, apribottiglie, scarpe da trekking, doposci, occhiali da sole, accappatoio.

5 ▶ Ascoltare | Sarà nell'armadio
Trascrizione 🎧 28

Silvia	Entra, entra.
Carla	Scusa, hai tu il cappello che ti ho prestato qualche giorno fa?
Silvia	Mmmhh... sarà nell'armadio. Aspetta che controllo. No, qui non c'è. Beh, se non sta qui l'ho messo in camera tua.
Carla	Mah. Io veramente non l'ho trovato...
Silvia	Ah, no, no, sta qui, in questo cassetto. Eccolo. Eccolo qui.
Carla	Ah, grazie!
Silvia	Figurati! Hai finito di fare la valigia?
Carla	Mmmh, quasi, mancano le ultime cose. Speriamo nel bel tempo!
Silvia	Ma sì... vedrai che domani sarà una bellissima giornata, l'hanno detto le previsioni! No?
Carla	Speriamo!
Silvia	Ma quanto ci mettete ad arrivare in Toscana?
Carla	Ci vorranno un paio d'ore in treno.
Silvia	Ah, non è tanto!
Carla	Mah, no. Prendiamo il treno alle otto, così per le 11 siamo lì. Senti, mi aiuti a finire la valigia?
Silvia	Certo. Mamma mia! Ma per due giorni ti porti tutta questa roba?
Carla	Beh non è tanto! Spazzolino, dentifricio, tutte le cose da bagno nel beauty case che occupa già un sacco di spazio, un paio di bermuda, due vestiti da sera, i costumi, il telo da mare, l'accappatoio...
Silvia	L'accappatoio? Ma dai! Ce l'avranno in albergo, no?
Carla	Ah, questo non lo so...

Silvia	Ma certo! È un albergo a quattro stelle!
Carla	Forse hai ragione. Va be'... Via l'accappatoio.
Silvia	Piuttosto, portati gli occhiali da sole!
Carla	Oddio! Dove saranno? Ah, eccoli qua!
Silvia	Ah, sei sempre la solita!
Carla	Senti, ma, che dici, l'ombrellone lo porto?
Silvia	L'ombrellone? Ma dai! Al limite vai in uno stabilimento!
Carla	No, guarda, io odio gli stabilimenti, con quei lettini tutti ammassati. Preferisco mettermi su uno scoglio. Piuttosto, devo trovare spazio per mettere questa, guarda!
Silvia	Cosa? Ma dove pensi di metterla?
Carla	In valigia, scusa.
Silvia	Ma è strapiena! Non c'è spazio!
Carla	Ma come strapiena! Tolgo lo schienale... tu prendi le zampe, aiutami!
Silvia	Ma no.. ma... almeno togli uno dei vestiti! Tanto non starai mica per una settimana, no?
Carla	Allora, tolgo il vestito, eh? Proviamo così, vai... ecco!
Silvia	Ma non basta lo [*incomprensibile*]... guarda!
Carla	Dai, spingi, spingi!
Silvia	Ma sì ma non si chiude! Guarda!
Carla	Va be'... allora... rimetto il vestito a [que]sto punto. E sai che faccio? Questa la faccio portare a Pablo insieme all'ombrellone!
Silvia	Ahahah, sarà felice!
Carla	Eh, così avrà un'occasione per essere più galante...

Obiettivo ▸ sviluppare la competenza di ascolto (dialogo tra amiche per l'organizzazione di un viaggio).

Procedimento ▸ **5a** • seguire le consegne dell'attività e le indicazioni dell'introduzione. **5b** • far ascoltare ancora la traccia 28 dicendo agli studenti di segnare (come nell'esempio, cappello) solo gli oggetti che alla fine Carla porterà con sé. Probabilmente ci sarà bisogno di far ascoltare il dialogo due o tre volte. Proporre in questo caso tra un ascolto e l'altro un confronto a coppie. **5c/5d** • seguire le consegne dell'attività, proponendo alla fine un confronto a coppie.

Soluzione ▸ **5a** • Carla va all'Argentario (in Toscana). **5b** • 1. ombrellone, 3. dentifricio, 5. spazzolino, 8. due vestiti da sera, 10 un paio di bermuda, 11. cappello, 12. occhiali da sole, 13. telo da mare, 14. costumi da bagno, 15. beauty case. **5c** • *vedi la figura a fianco.*

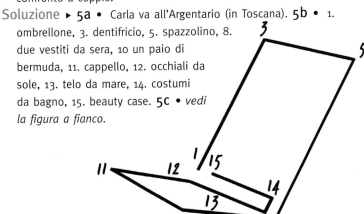

5d • b. una sedia pieghevole.

Riquadro | Gli italiani e le vacanze
A questo punto si può introdurre il riquadro sugli italiani e le vacanze. Può essere interessante verificare se ci sono abitudini simili nel Paese di provenienza degli studenti e fare un raffronto, sia in classi mono che multilingue, tra le festività italiane e quelle straniere.

6 ▸ Gioco | Fai la valigia
Obiettivo ▸ fissare il lessico delle vacanze, ripassare l'accordo del pronome diretto con il passato prossimo.
Procedimento ▸ seguire le consegne dell'attività e le indicazioni dell'introduzione.

7 ▸ Analisi grammaticale | Alcune funzioni del futuro
Trascrizione 🔊 **29**

Silvia	Entra, entra.
Carla	Scusa, hai tu il cappello che ti ho prestato qualche giorno fa?
Silvia	Mmhhh... sarà nell'armadio. Aspetta che controllo. No, qui non c'è. Beh, se non sta qui l'ho messo in camera tua.
Carla	Mah. Io veramente non l'ho trovato...
Silvia	Ah, no, no, sta qui, in questo cassetto. Eccolo. Eccolo qui.
Carla	Ah, grazie!
Silvia	Figurati! Hai finito di fare la valigia?
Carla	Mmhh, quasi, mancano le ultime cose. Speriamo nel bel tempo!
Silvia	Ma sì... vedrai che domani sarà una bellissima giornata, l'hanno detto le previsioni! No?
Carla	Speriamo!

Obiettivo ▸ imparare l'uso del futuro semplice per fare ipotesi nel presente (futuro epistemico).
Procedimento ▸ **7a** • seguire le consegne dell'attività e le indicazioni dell'introduzione. **7b** • può essere utile, dopo una prima fase individuale, proporre un confronto a coppie per verificare le risposte alle due domande.
Conclusione ▸ concludere l'attività chiedendo agli studenti se ci sono domande o aspetti su cui vorrebbero ulteriori delucidazioni, e rispondere alle domande.
Soluzione ▸ **7a** • 2, *8*, 7, 4, 1, 3, 6, 5, 9. **7b** • 1. sarà nell'armadio. 2. un'ipotesi, una supposizione nel presente.

8 ▸ Gioco | Saranno le tre
Obiettivo ▸ ripassare l'uso dei tempi del passato e del presente e fissare la coniugazione e i vari usi del futuro in base ai determinatori temporali. Sviluppare la capacità di ragionamento in tempo reale.
Procedimento ▸ far lavorare gli studenti in coppia, faccia a faccia, consegnando ad ogni coppia un dado. Quindi seguire le consegne

dell'attività e le indicazioni dell'introduzione. Far svolgere il gioco oralmente senza dare la possibilità di scrivere. Dire agli studenti che molte volte non c'è un'unica soluzione, ma sono possibili più forme.

Conclusione ▸ eventualmente, come compito per casa, far coniugare i verbi per ognuno dei determinatori temporali della lista. Nella sezione esercizi è comunque presente un esercizio simile da fare per iscritto.

Soluzione ▸ 1. *Ci* vado / andrò *il prossimo anno*. - *Ci sono andato / andata* l'anno scorso. - *Ci* vado / andrò *quest'anno*. 2. *Non lo so*, verrà *alle tre*. - *Di solito* viene *alle tre*. - *Oggi non lo so*, ieri è venuta *alle tre*. 3. Lo ho comprato *ieri*. - *Lo compro* *subito*. - *Lo compro / comprerò lì*. 4. *In questo momento* starà / sta *a casa sua*. - *Ieri* stava / è stata *a casa sua*. - *Non lo so*, starà *a casa sua*. 5. È partito *la settimana scorsa*. - Parte / Partirà *la prossima settimana*. - Parte / Partirà *oggi*. 6. *Sì*, è mia madre. - *No*, sarà *mia madre*. 7. *No, mi dispiace, ma* saranno *le undici*. - *Sì*, sono *le undici*. 8. *Ne fa / farà 31 il prossimo mese*. - *Ne fa / ha fatti 31 oggi*. - *Ne ha fatti 31 ieri*. 9. Non lo so perché ora sto in Svizzera. *Ieri* c'era *il sole*. - Non lo so perché ora sto in Svizzera. *Oggi* ci sarà *il sole*. - Non lo so perché ora sto in Svizzera. *In questo periodo* c'è *il sole*.

9 ▸ Analisi della conversazione | Esclamazioni
Trascrizione 🔊 30

Silvia	Eccolo. Eccolo qui.
Carla	Ah, grazie!
Silvia	Figurati! Hai finito di fare la valigia?
Carla	Mmhh, quasi, mancano le ultime cose. Speriamo nel bel tempo!
Silvia	Ma quanto ci mettete ad arrivare in Toscana?
Carla	Ci vorranno un paio d'ore in treno.
Silvia	Ah, non è tanto!
Carla	Mah, no. Prendiamo il treno alle otto, così per le 11 siamo lì. Senti, mi aiuti a finire la valigia?
Silvia	Certo. Mamma mia! Ma per due giorni ti porti tutta questa roba?
Silvia	L'accappatoio? Ma dai! Ce l'avranno in albergo, no?
Carla	Ah, questo non lo so...
Silvia	Ma certo! È un albergo a quattro stelle!
Carla	Forse hai ragione. Va be'... Via l'accappatoio.
Silvia	Piuttosto, portati gli occhiali da sole!
Carla	Oddio! Dove saranno? Ah, eccoli qua!
Silvia	Ah, sei sempre la solita!

Obiettivo ▸ imparare ed utilizzare alcune esclamazioni tipiche della lingua parlata.

Procedimento ▸ 9a/9b • seguire le consegne dell'attività e le indicazioni dell'introduzione. È auspicabile far verificare agli studenti ogni punto con un confronto a coppie.

Conclusione ▸ concludere l'attività chiedendo agli studenti se ci sono domande o aspetti su cui vorrebbero ulteriori delucidazioni, e rispondere alle domande.

Soluzione ▸ 9a • 1. *Ah, figurati, mmhh*. 2. *Ah, Mah, Certo, Mamma mia*. 3. *Ma dai, Ma certo, Va be', Oddio*. 9b • 1. beato te! ▸ sei molto fortunato! 2. caspita! ▸ wow! 3. accidenti! ▸ che sfortuna!

Riquadro | Altre esclamazioni
Il riquadro propone alcune esclamazioni, tra le più usate dagli italiani. Starà all'insegnante integrare la lista spiegando gli usi e le connotazioni delle singole esclamazioni. Si può eventualmente ampliare ad un discorso sulla volgarità e su quanto, nelle differenti lingue / culture, le esclamazioni volgari siano usate.

attività finale
Procedimento ▸ seguire la procedura descritta nell'introduzione.
Soluzione ▸ Descrivere una località turistica ▸ *Situato a due passi dal mare...*
Fare la valigia ▸ *Ce l'hai messo il dentifricio?*
Fare ipotesi e previsioni ▸ *Ce l'avranno in albergo*

unità 13 | un viaggio

comunicazione	grammatica	lessico	testi scritti e *orali*	cultura
Raccontare una vacanza ▸ *Ho passato due giorni da sogno*	L'avverbio *addirittura*	Luoghi e attività delle vacanze	E-mail	I gesti italiani
Indicare azioni abituali nel passato ▸ *D'estate andava sempre in vacanza con la barca*	Il passato prossimo con i verbi modali	I verbi *sapere* e *conoscere*		
Indicare azioni successive nel passato ▸ *Pablo si è alzato, ha chiamato il cameriere...*	Gli avverbi in *-mente*	Le parole dell'amore		
Indicare eventi in combinazione con situazioni nel passato ▸ *Mentre eravamo in mare si è alzato un forte vento*	I diversi usi di passato prossimo e imperfetto			
	I connettivi *però*, *appena*, *perché*, ecc.			

1 ▸ Introduzione
Obiettivo ▸ conoscere i principali gesti italiani e il loro significato, attivare le conoscenze pregresse e introdurre al tema dell'unità.
Procedimento ▸ 1a/1b • seguire le consegne dell'attività.
Soluzione ▸ 1a • 1. Ma che stai dicendo? 2. Non mi interessa! 3. Vai via! 4. Sei matto? 5. È caro! 6. È buonissimo! 7. Non c'è più niente! 8. Ti picchio!

2 ▸ Leggere | Due giorni da sogno
Obiettivo ▸ sviluppare la capacità di lettura (descrizione di un viaggio).
Procedimento ▸ 2a/2b/2c • seguire le consegne dell'attività e le indicazioni dell'introduzione. Soluzione - 2a • Il NON in più è a dieci righe dalla fine: *...che sto bene con lui:* non *mi piace il suo carattere...* 2b • la soluzione è soggettiva. 2c • l'ordine dei disegni:

   disegno del punto 1

Può essere necessario spiegare che il gesto n° 8 del punto 1a (il quarto della sequenza), in cui si vede Pablo che minaccia, è molto volgare e per questo suscita la reazione molto risentita del cameriere.

Riquadro | Addirittura
Spiegare il significato di *addirittura* a partire dalla mail, aggiungendo che è una parola molto usata soprattutto nella lingua parlata e che esiste anche come esclamazione. Ci si può riallacciare all'attività 9 dell'unità 12. *Addirittura* come esclamazione è molto simile a "ma dai!".

Riquadro | Sapere e conoscere
Introdurre l'uso del verbo *sapere* a partire dalla frase presente nella mail. Mostrare la differenza di uso con il verbo *conoscere*. Eventualmente può essere utile far riflettere gli studenti su come questi significati si esprimono nella loro lingua, se con un solo verbo, con due o in altri modi ancora.

3 ▸ Gioco | Caccia al tesoro
Obiettivo ▸ affrontare il passato prossimo dei verbi modali e gli avverbi in *-mente* e ragionare sulla sintassi.
Procedimento ▸ preparare l'attività fotocopiando la parte corrispondente di pagina 141 (una copia ogni 2 studenti della propria classe). Seguire le istruzioni del gioco e le indicazioni dell'introduzione avendo l'accortezza di consegnare l'enigma finale solo quando una coppia mostra all'insegnante le tre richieste con le soluzioni corrette.
Soluzione ▸ *Verbi modali:* ho dovuto pensare, ha voluto affittare; siamo dovuti tornare. *Avverbi:* davvero ▸ veramente, molto bene ▸ magnificamente, *quasi* ▸ praticamente, per fortuna ▸ fortunatamente. *Sinonimi di "bellissimo/a":* stupendo, favolosa, perfetto, incredibile. *Enigma:* L'acqua era favolosa.

Riquadro | Le parole dell'amore

Può essere interessante in classi miste produrre un cartellone con le traduzioni delle espressioni del riquadro. Utile anche cercare di capire le differenze di sfumature tra le diverse diciture e capire se in altre lingue funzionano nello stesso modo. Ad esempio, la differenza tra *Ti amo* e *Ti voglio bene*, che in italiano è molto importante. Queste frasi in molte altre lingue si rendono con la stessa espressione.

4 ▸ Analisi grammaticale | Passato prossimo e imperfetto

Obiettivo ▸ approfondire le regole d'uso della combinazione passato prossimo - imperfetto.

Procedimento ▸ seguire le consegne dell'attività e le indicazioni dell'introduzione.

Soluzione ▸ *riquadro azzurro*: 2, 1, 3, 2, 2, 1, 1, 4, 3. *riquadro rosso*: 1. passato prossimo; 2. *imperfetto*, 3. passato prossimo + passato prossimo, 4. imperfetto + passato prossimo.

Riquadro | Il passato prossimo con i verbi modali

Può essere utile introdurre questo riquadro subito dopo il gioco *Caccia al tesoro*, per riflettere un attimo in più sul passato prossimo con i verbi modali. La scelta dell'ausiliare in questo caso non è scontata. Eventualmente far precedere la lettura del riquadro da una domanda aperta da fare in plenum: "quale ausiliare scelgo quando devo usare un verbo modale (dovere, potere o volere) al passato prossimo?". Può darsi che si sviluppi una buona discussione in classe. In caso contrario introdurre subito il riquadro e rispondere ad eventuali altre domande.

Soluzione - è l'ausiliare del verbo all'infinito.

5 ▸ Analisi | I gesti italiani

Obiettivo ▸ sviluppare la capacità di utilizzare i gesti italiani.

Procedimento ▸ seguire le consegne dell'attività e le indicazioni dell'introduzione.

6 ▸ Esercizio | I connettivi

Obiettivo ▸ praticare l'uso dei connettivi.

Procedimento ▸ seguire le consegne dell'attività e le indicazioni dell'introduzione.

Soluzione ▸ 5, 1, 6, 4, 3, 8, 2, 7.

7 ▸ Parlare | Un episodio

Obiettivo ▸ sviluppare la capacità di produzione orale (drammatizzare una situazione).

Procedimento ▸ seguire le consegne dell'attività e le indicazioni dell'introduzione.

8 ▸ Parlare | Un episodio

Obiettivo ▸ sviluppare la capacità di produzione scritta (raccontare una vacanza).

Procedimento ▸ seguire le consegne dell'attività e le indicazioni dell'introduzione.

---

unità **13** | un viaggio

attività finale

Procedimento ▸ seguire la procedura descritta nell'introduzione.
Soluzione ▸ *addirittura e conoscere.*

PAGINA DELLA FONETICA

La soluzione è nel DVD rom.

STORIA A FUMETTI

episodio cinque

Riassunto ▸ Il racconto di Mauro continua con la fine dell'università e la vita familiare tra lui, Ada e i due bambini. Dopo essersi ritrovati, Mauro e Chicco si separano di nuovo: Mauro, diventato avvocato, studia per diventare giudice, Chicco invece prende la strada della lotta armata ed entra nel gruppo terroristico delle Brigate Rosse. Mauro, tradito da Ada e Chicco, rimane da solo con i due bambini. Diventato giudice nel 1977, durante gli "anni di piombo", si trova a condannare il vecchio amico Chicco, arrestato per atti di terrorismo.

Episodio 5 ▸ Siamo di nuovo ad oggi, nel giorno del matrimonio. Silvia, la vecchia amica, annuncia a Mauro una sorpresa. Mauro è contrariato e si immerge ancora una volta nei ricordi. Dopo il processo e la condanna di Chicco, l'amicizia tra Mauro e Silvia diventa amore. Siamo negli anni ottanta, il periodo del terrorismo è ormai lontano. Intanto i figli di Mauro crescono, gli anni passano e nel 1989, anno della caduta del muro di Berlino e della fine del comunismo in tutta Europa, anche la storia d'amore tra Mauro e Silvia finisce. Grazie ai figli (uno laureato e l'altro avviato verso la carriera di attore), Mauro si riavvicina ad Ada, di cui è ancora innamorato. Ada intanto si è affermata come pittrice. Ma la sua storia con Mauro è resa più difficile dal lavoro di lui, diventato un importante magistrato e impegnato nei più significativi fatti di cronaca italiana degli anni novanta: prima gli attentati della mafia contro lo Stato, poi lo scandalo di "tangentopoli" che mette sotto processo per corruzione l'intero sistema politico italiano.

E PIANO PIANO L'AMICIZIA È DIVENTATA AMORE.

modulo sei | arti

unità 14 | andiamo al cinema

comunicazione

Scegliere un film ▸ *In sala 1 ci sarebbe...*

Fare ipotesi ▸ *Se il film è già iniziato...*

Esprimere preferenze ▸ *Preferisco non entrare*

Esprimere e contrastare opinioni ▸ *Quest'ultimo libro era veramente illeggibile* ▸ *Io invece l'ho trovato bellissimo*

Cercare un compromesso ▸ *Comunque, visto che non ti va bene niente, allora proponi tu*

Convincere ▸ *Entriamo lo stesso, dai...*

grammatica

La congiunzione *se*

L'avverbio *mica*

La forma tonica dei pronomi

lessico

Espressioni per negoziare e convincere: *dai, va be', comunque, quindi, secondo me*, ecc.

testi scritti e *orali*

Dialogo al cinema

cultura

Il cinema in Italia

---

1 ▸ **Introduzione**

Obiettivo ▸ attivare le conoscenze pregresse e introdurre al tema dell'unità.

Procedimento ▸ **1a** • scrivere alla lavagna la parola *cinema*. Introdurre il tema parlando un paio di minuti del proprio rapporto con il cinema e scrivendo alla lavagna 4 titoli di film che per qualche motivo sono stati importanti. Non devono essere tutti bellissimi, ma magari ci ricordano qualcosa della nostra vita. Dopo questa breve introduzione, invitare gli studenti a fare un ragionamento simile e a scrivere i titoli di quattro film importanti per qualche motivo. **1b** • mettere gli studenti in coppie e invitare le coppie a parlare dei film che hanno scritto al punto precedente. Possono utilizzare le domande della lista e, naturalmente, altre.

2 ▸ **Ascoltare** | Andiamo al cinema

Trascrizione ◉ 31

Lui	Ah, sei arrivata finalmente!
Lei	Scusa ma ho avuto difficoltà a trovare un parcheggio. Allora? Hai fatto i biglietti?
Lui	No, c'è un problema. Per Ammaniti non ci sono più posti.

Lei	Peccato! Scusa, ma sei sicuro? Lì c'è scritto che ci sono ancora sette posti...
Lui	Sì, ma in prima fila, mi sono già informato. Per me la prima fila è troppo vicino.
Lei	Ma che importa? Entriamo lo stesso, dai...
Lui	Nooo... No. No! Io non entro. Devo stare al centro, né troppo lontano e né troppo vicino... Quindi se non ho un buon posto, preferisco non entrare. Te lo dico subito.
Lei	Mmhhh... come sei difficile!
Lui	Eh, lo so, ma io quando vado al cinema voglio stare comodo, poi andare al cinema non è mica come guardare la televisione, scusa. Io per esempio devo entrare quando le luci sono ancora accese, devo avere il tempo di distaccarmi da tutto, di concentrarmi...
Lei	Quindi se il film è già iniziato tu non entri.
Lui	No, no, non entro. Comunque, ti dirò... a me Ammaniti come scrittore non è mai piaciuto, quest'ultimo libro poi era veramente illeggibile...
Lei	E perché illeggibile? Io invece l'ho trovato bellissimo... Comunque dai, scegliamo un altro film...

Lui	Non c'è molto, mi sembra.
Lei	Ma che dici? Siamo in una multisala, qualcosa troveremo. Allora, in sala u... gua[rda], In sala 1 ci sarebbe questo con De Niro e la Bellucci. Dicono che è divertente.
Lui	De Niro e la Bellucci? Ma sei impazzita? Ma neanche morto!
Lei	Secondo me i primi due della serie erano molto divertenti!
Lui	Beh... Senti, evidentemente abbiamo un'idea molto diversa di cinema. Per me un film non deve solo divertire, scusa...
Lei	Mmmh... che noia che sei, andare al cinema con te è veramente impossibile! Va be', comunque, visto che non ti va bene niente, allora proponi tu. C'è qualche film che ti piacerebbe vedere fra questi?
Lui	Non lo so, forse il più interessante è quello che fanno in sala 4. Il coreano.
Lei	Ah, non lo conosco. Di che parla?
Lui	Ma... è una storia un po' assurda, eh. Racconta di uno che sogna di fare un incidente con la macchina e poi quando si sveglia ha veramente un incidente, ma non si capisce bene se è realtà, se è fantasia...
Lei	Mmmh... Ma è in coreano?
Lui	Sì, ma ci sono i sottotitoli. E comunque servono a poco perché i personaggi parlano pochissimo.
Lei	E tu come lo sai?
Lui	Conosco il regista, ho visto tutti i suoi film. Tutti i film avevano pochissimi dialoghi, è proprio il suo stile...
Lei	Va be', ho capito, una noia mortale... No, guarda, non me la sento. Piuttosto, mi piacerebbe vedere com'è il film dal libro di Giordano.
Lui	Giordano? Chi è?
Lei	Mmmhh... quello in sala 3. Come... Giordano... lo scrittore... Non lo conosci?
Lui	Ah sì sì sì sì sì...
Lei	Il romanzo è bellissimo.
Lui	Non l'ho letto. E di che parla?
Lei	È la storia d'amore tra due... i numeri primi, no? Indivisibili...
Lui	Sì, cioè?
Lei	Due che si conoscono da piccoli. Poi per tutta la vita continuano a cercarsi e a inseguirsi, ma c'è sempre qualcosa che li separa... è una storia d'amore.
Lui	Mmmh... sì, guarda, sarà il solito film sentimentale. No! Poi... si sa, no? Che i.. di solito i film tratti dai libri sono sempre molto deludenti.
Lei	Altrimenti c'è l'ultimo di Moretti in sala 5.
Lui	Ah sì, Moretti, quello... sì, quello del papa in crisi che va dallo psicanalista.
Lei	Dev'essere divertente.

Lui	Eh... però è iniziato da un minuto, guarda. E te l'ho detto, no? Se il film è già iniziato...
Lei	... tu non entri.. Sì sì, lo so... Allora resta solo questo. Dai, un film d'amore, una volta tanto... E poi se vuoi ti presto anche il libro.
Lui	E va bene, se non c'è niente di meglio...
Lei	Ce l'abbiamo fatta!

Obiettivo ▸ sviluppare la competenza di ascolto (scegliere un film).
Procedimento ▸ 2a/2b/2c • seguire le consegne dell'attività e le indicazioni dell'introduzione.
Soluzione ▸ 2a • La solitudine dei numeri primi. 2b • Sala 1: Manuale d'amore, Sala 2: Come Dio comanda, Sala 3: La solitudine dei numeri primi, Sala 4: Sogno triste (il film coreano), Sala 5: Habemus Papam.

Riquadro | Il cinema in Italia
A questo punto si può introdurre il riquadro sul cinema in Italia. Può essere interessante fare una statistica in classe su quante volte vanno al cinema gli studenti nei loro Paesi, se ci sono multisale, ecc. Un altro tema che può essere interessante trattare è quella dei sottotitoli, visto che in molti Paesi non c'è l'abitudine di doppiare i film, cosa che invece è normale in Italia, dove sono pochissimi i cinema che propongono film "in lingua originale".

3 ▸ Analisi grammaticale | La congiunzione se
Obiettivo ▸ imparare l'uso della congiunzione se nella costruzione della frase ipotetica con l'indicativo.
Procedimento ▸ seguire le consegne dell'attività e le indicazioni dell'introduzione.
Soluzione ▸ se il film è già iniziato, | tu non entri. - se non ho un buon posto, | preferisco non entrare. - siamo in una multisala, | qualcosa troveremo. - tutti i film avevano pochi dialoghi, | è proprio il suo stile. - se vuoi | ti presto anche il libro.

4 ▸ Gioco | La catena del se
Obiettivo ▸ fissare la costruzione della frase ipotetica con l'indicativo.
Procedimento ▸ seguire le consegne dell'attività e le indicazioni dell'introduzione.

Riquadro | L'avverbio mica
Spiegare il significato di mica a partire dal dialogo al cinema. È bene fare diversi esempi e far riflettere gli studenti sulla corrispondenza di questa forma con altre strategie che abbiano la stessa funzione nella loro lingua.

5 ▸ Analisi grammaticale | Esprimere opinioni
Trascrizione 🔊 32

Lei	Lì c'è scritto che ci sono ancora sette posti...
Lui	Sì, ma in prima fila, mi sono già informato. Per me la prima fila è troppo vicino.
Lei	Ma che importa? Entriamo lo stesso, dai...

Lui	Nooo... No. No! Io non entro. Devo stare al centro, né troppo lontano e né troppo vicino... Quindi se non ho un buon posto, preferisco non entrare. Te lo dico subito.
Lei	Mmhhh... come sei difficile!
Lui	Eh, lo so, ma io quando vado al cinema voglio stare comodo, poi andare al cinema non è mica come guardare la televisione, scusa. Io per esempio devo entrare quando le luci sono ancora accese, devo avere il tempo di distaccarmi da tutto, di concentrarmi...
Lei	Quindi se il film è già iniziato tu non entri.
Lui	No, no, non entro. Comunque, ti dirò... a me Ammaniti come scrittore non è mai piaciuto, quest'ultimo libro poi era veramente illeggibile...
Lei	E perché illeggibile? Io invece l'ho trovato bellissimo... Comunque dai, scegliamo un altro film...
Lui	Non c'è molto, mi sembra.
Lei	Ma che dici? Siamo in una multisala, qualcosa troveremo. Allora, in sala u... gua[rda], In sala 1 ci sarebbe questo con De Niro e la Bellucci. Dicono che è divertente.
Lui	De Niro e la Bellucci? Ma sei impazzita? Ma neanche morto!
Lei	Secondo me i primi due della serie erano molto divertenti!
Lui	Beh... Senti, evidentemente abbiamo un'idea molto diversa di cinema. Per me un film non deve solo divertire, scusa...
Lei	Mmhh... che noia che sei, andare al cinema con te è veramente impossibile! Va be', comunque, visto che non ti va bene niente, allora proponi tu.

Obiettivo ▸ uso enfatico dei pronomi, uso del pronome soggetto, funzione di alcune espressioni che evidenziano il carattere di una persona.

Procedimento ▸ 5a • seguire le consegne dell'attività e le indicazioni dell'introduzione. Se necessario fare un confronto a coppie come verifica. 5b • far scegliere a chi attribuire le due descrizioni e poi proporre un confronto a coppie dando come compito quello di motivare le loro scelte in base alla trascrizione del dialogo. Dopo qualche minuto dire la soluzione di questo punto senza commentare. È meglio in questa fase non intervenire ulteriormente e passare al punto successivo. 5c • far continuare il lavoro, anche direttamente nelle stesse coppie del punto precedente, chiedendo agli studenti di segnare le tre espressioni che più sono indicative del carattere dei due personaggi. Eventualmente fare un cambio di coppia. 5d • continuare a lavorare in coppia e chiedere di rispondere alla domanda.

Conclusione ▸ in plenum, chiedere se ci sono dubbi o domande e rispondere.

Soluzione ▸ 5a • Per me; dai; Io; quindi; te lo dico subito; io; Io; tu; ti dirò; a me; Io; invece; Comunque dai; Secondo me; evidentemente; Per me; con te; Va be', Comunque; tu. 5b • Lei cerca

un compromesso e invita l'altra persona a cambiare idea o a decidere qualcosa. Lui è una persona rigida e sottolinea continuamente la propria inflessibilità. 5c • *La soluzione è soggettiva, ne forniamo una possibile:* Lei: dai, comunque dai, va be', comunque. *("invece" introduce, a differenza delle altre espressioni, un contrasto, che però nella frase è controbilanciato immediatamente dall'apertura di "Comunque dai").* Lui: quindi, te lo dico subito, evidentemente *(l'espressione "ti dirò" denota meno inflessibilità rispetto alle altre).* 5d • c. *(Da notare anche come lui usi sempre pronomi di prima persona, per parlare di sé, delle proprie esigenze, mentre lei usi spesso pronomi di seconda persona, per parlare delle esigenze del suo interlocutore).*

> **Riquadro | Forma tonica dei pronomi**
> Far osservare agli studenti la forma tonica dei pronomi, a partire dal dialogo al cinema.

6 ▸ Gioco | Evidentemente
Obiettivo ▸ fissare alcune espressioni.
Procedimento ▸ 6a • chiedere agli studenti quali possono essere delle situazioni in cui due persone possono essere in disaccordo. Portare ad esempio la discussione del dialogo del punto 2. Eventualmente far preparare la risposta in coppie, poi riportare in plenum scrivendo tutte le idee (o solo le più interessanti) alla lavagna. 6b • dividere la classe in gruppi di quattro e far lavorare tutti i gruppi contemporaneamente seguendo le consegne dell'attività.

7 ▸ Scrivere | Stasera...
Obiettivo ▸ sviluppare la capacità di produzione scritta (scrivere una pagina di diario).
Procedimento ▸ seguire le consegne dell'attività e le indicazioni dell'introduzione.

unità 14 | andiamo al cinema
attività finale

Procedimento ▸ seguire la procedura descritta nell'introduzione.
Soluzione ▸ comunicazione ▸
Scegliere un film ▸ *In sala 1 ci sarebbe...*
Fare ipotesi ▸ *Se il film è già iniziato...*
Esprimere preferenze ▸ *Preferisco non entrare*
Esprimere e contrastare opinioni ▸ *Quest'ultimo libro era veramente illeggibile* ▸ *Io invece l'ho trovato bellissimo*
Cercare un compromesso ▸ *Comunque, visto che non ti va bene niente, allora proponi tu*
Convincere ▸ *Entriamo lo stesso, dai...*
Soluzione ▸ grammatica ▸
La congiunzione *se*
L'avverbio *mica*
La forma tonica dei pronomi

unità **15** | racconti d'autore

comunicazione

Leggere e raccontare la trama di un romanzo

Leggere un testo letterario

Indicare cosa è o non è possibile
▸ *Il loro sogno di stare insieme sembra irrealizzabile*

grammatica

La subordinazione

Gli aggettivi in *-bile*

Il prefisso di negazione *in-*

lessico

Le espressioni verbali *farsi avanti, portarsi dietro*, ecc.

testi scritti e *orali*

Trama di un romanzo

Testi letterari

cultura

Scrittori italiani: Ammaniti, Giordano, Veronesi

1 ▸ Leggere | La solitudine dei numeri primi

Obiettivo ▸ sviluppare la capacità di lettura (trama di un romanzo e testo letterario).

Procedimento ▸ **1a/1b/1c** • seguire le consegne dell'attività e le indicazioni dell'introduzione. Se qualche studente ha dei dubbi riguardo al genere di "Mattia", esplicitare che si tratta di un maschio.

Soluzione ▸ **1a** • femminile. **1b** • 3. **1c** • Alice.

2 ▸ Parlare | Un libro interessante

Obiettivo ▸ sviluppare la capacità di produzione orale (raccontare la trama di un romanzo famoso).

Procedimento ▸ seguire le consegne dell'attività e le indicazioni dell'introduzione.

3 ▸ Esercizio | Ricostruzione del testo

Obiettivo ▸ ragionare in termini morfosintattici per ricostruire un brano di un testo letterario.

Procedimento ▸ **3a** • far leggere il breve testo individualmente ed assicurarsi che nessuno studente abbia problemi di comprensione. **3b** • da questo punto in poi bisognerebbe assicurarsi che gli studenti non leggano il testo già ricostruito alla pagina precedente. Chiedere di riscrivere tutto il testo sulle righe, senza cambiare nulla della punteggiatura, né nella frase del punto **a** né in quella da inserire. **3c** • chiedere di riscrivere la frase che hanno scritto al punto **b** inserendo le due nuove espressioni. **3d** • chiedere di riscrivere la frase che hanno scritto al punto **c** inserendo la nuova porzione di testo. Proporre a questo punto un confronto a coppie per verificare se sono giunti alla stessa conclusione. **3e** • continuare nelle stesse coppie e far confrontare quello che hanno scritto con lo schema. Questo schema evidenzia graficamente i vari livelli di subordinazione del testo.

Soluzione ▸ **3b** • *suo padre a colazione la fissava come a dire su, sbrigati* | e sotto il tavolo faceva ballare la gamba nervosamente.
3c • *odiava* | *suo padre* | che | *a colazione la fissava come a dire su, sbrigati e sotto il tavolo faceva ballare la gamba nervosamente.*
3d • *odiava* | *la sveglia alle sette e mezzo del mattino anche nelle vacanze di Natale e* | *suo padre che a colazione la fissava come a dire su, sbrigati e sotto il tavolo faceva ballare la gamba nervosamente.*

Riquadro | Scrittori italiani

Prima del gioco sulla subordinazione si può introdurre il riquadro sugli scrittori italiani contemporanei più di successo. Il riquadro può essere un punto di partenza per proporre, in un altro momento, delle scene di alcuni film tratti dai libri citati.

4 ▸ Gioco | Lo schema

Obiettivo ▸ ragionare in termini morfosintattici sulla subordinazione.

Procedimento ▸ seguire le consegne dell'attività e le indicazioni dell'introduzione.

Soluzione ▸

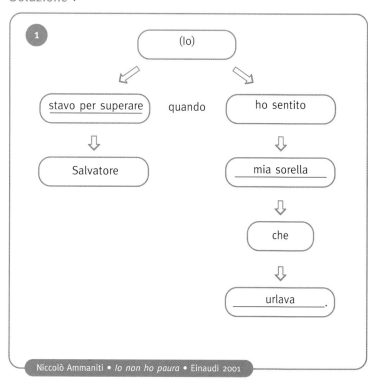

Niccolò Ammaniti • *Io non ho paura* • Einaudi 2001

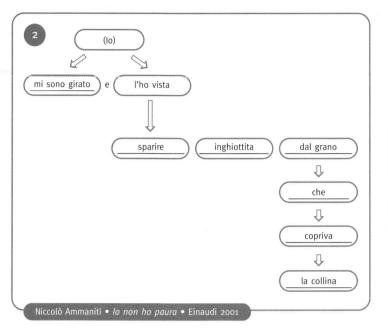

Niccolò Ammaniti • *Io non ho paura* • Einaudi 2001

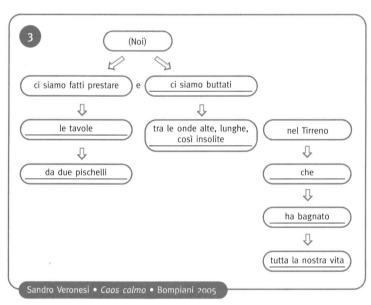

Sandro Veronesi • *Caos calmo* • Bompiani 2005

5 ▸ Analisi lessicale | Espressioni verbali
Obiettivo ▸ imparare alcune espressioni verbali.
Procedimento ▸ seguire le consegne dell'attività e le indicazioni dell'introduzione.
Soluzione ▸ *portarsi (qualcuno)* | *dietro* ▸ prendere con sé - *fare* | *finta* ▸ simulare - *farsi* | *male* ▸ ferirsi - *prendere* | *fiato* ▸ respirare - *andare* | *avanti* ▸ continuare.

6 ▸ Gioco | Che significa?
Obiettivo ▸ arricchire il lessico cercando i sinonimi.
Procedimento ▸ **6a/6b/6c/6d** • seguire le consegne dell'attività e le indicazioni dell'introduzione.

7 ▸ Analisi grammaticale | Gli aggettivi in *-bile*
Obiettivo ▸ imparare la formazione e il significato degli aggettivi in

-bile e del prefisso *in-* per fare la negazione.
Procedimento ▸ seguire le consegne dell'attività e le indicazioni dell'introduzione.
Soluzione ▸ indivisibili ▸ che non si possono dividere; incomprensibili ▸ che non si possono comprendere; realizzabile ▸ che si può realizzare.

> **Riquadro | Gli aggettivi in *-bile***
> Approfondire l'analisi del punto 7 mostrando come si formano la maggior parte degli aggettivi in *-bile* con i verbi delle tre coniugazioni. Eventualmente si può spendere qualche minuto per far riflettere gli studenti su come si esprime la possibilità o l'impossibilità nella propria lingua, se ci sono forme simili o no.

8 ▸ Gioco | Inaffidabile
Obiettivo ▸ formare e utilizzare gli aggettivi in *-bile* anche nella forma negativa.
Procedimento ▸ mettere gli studenti in coppie, ogni coppia gioca utilizzando un solo libro. Spiegare che dovranno formare delle frasi utilizzando gli elementi di ogni casella più tutti gli altri elementi che vogliono. Unica regola per la formazione della frase: trasformare il verbo in aggettivo in *-bile* (positivo quando c'è *sì* - caselle verdi; negativo quando c'è *no* - caselle rosse). Per il resto seguire le consegne dell'attività e le indicazioni dell'introduzione.
Soluzione ▸ *le soluzioni sono soggettive, mettiamo di seguito solo i sostantivi con l'aggettivo in -bile.* conseguenze inimmaginabili; libro introvabile; divano lavabile; film inguardabile; caldo insopportabile; prodotto vendibile; comportamento ingiustificabile; biglietto utilizzabile; tempo variabile; prezzo accettabile; canzone inascoltabile; studente ingiudicabile; città vivibile; persona insostituibile; fenomeno spiegabile; squadra invincibile.

9 ▸ Scrivere | In poche parole
Obiettivo ▸ sviluppare la capacità di produzione scritta (fare un riassunto usando un numero massimo di parole).
Procedimento ▸ seguire le consegne dell'attività e le indicazioni dell'introduzione.

> ## unità 15 | racconti d'autore
> ## attività finale
> Procedimento ▸ seguire la procedura descritta nell'introduzione.
> Soluzione ▸ grammatica ▸
> La subordinazione
> Le espressioni verbali *farsi avanti*, *portarsi dietro*, ecc.
> Gli aggettivi in *-bile*
> Il prefisso di negazione *in-*

unità 16 | a tempo di musica

comunicazione

Interpretare il testo di una canzone

Parlare del proprio rapporto con la musica

Riscrivere il testo di una canzone

Indicare una quantità / una persona / una cosa indefinita ▸ *È arrivato qualcuno*

Indicare un'assenza / una mancanza indefinita ▸ *All'appuntamento non arriva nessuno*

grammatica

Gli indefiniti *qualche, qualcuno, qualcosa, nessuno*

Il pronome relativo *cui*

lessico

I verbi con preposizione *cominciare, finire, continuare,* ecc.

I contrari di alcune parole

testi scritti e *orali*

Canzone "Volare" 🎵

Testo *"Volare"*

Biografia

cultura

La musica leggera

La canzone d'autore

---

1 ▸ Introduzione

Obiettivo ▸ attivare le conoscenze pregresse e introdurre al tema dell'unità.

Procedimento ▸ introdurre l'attività raccontando brevemente un proprio sogno, poi mettere gli studenti in coppie, faccia a faccia, e dare la consegna seguendo le indicazioni dell'introduzione relative all'attività *Parlare*.

2 ▸ Ascoltare | Un quadro in musica

Obiettivo ▸ sviluppare la competenza di ascolto (canzone).

Procedimento ▸ far ascoltare la canzone una volta seguendo le indicazioni dell'introduzione, quindi far lavorare gli studenti sul compito. Eventualmente far riascoltare la canzone e proporre un confronto a coppie ancora sul compito.

Conclusione ▸ chiedere in plenum cosa è stato scelto e lanciare una piccola discussione sulle ragioni delle scelte.

Soluzione ▸ Marc Chagall.

> **Riquadro | Cominciare a... Finire di...**
> A partire dalla frase della canzone, mostrare i principali verbi che si combinano generalmente insieme ad una preposizione.

3 ▸ Leggere | Volare

Obiettivo ▸ sviluppare la capacità di lettura (testo di una canzone).

Procedimento ▸ seguire le consegne dell'attività e le indicazioni dell'introduzione. Naturalmente gli studenti devono trovare delle frasi che esprimono significati che possono essere ritrovati nei quadri di Chagall.

Soluzione ▸ *la soluzione è soggettiva. Forniamo qualche suggerimento.* la faccia di blu; venivo dal vento rapito e cominciavo a volare nel cielo infinito; volare; il mondo spariva lontano laggiù.

4 ▸ Gioco | I contrari

Obiettivo ▸ arricchire il lessico cercando i contrari.

Procedimento ▸ seguire le consegne dell'attività e le indicazioni dell'introduzione. **Variante:** una variante per rendere il gioco più facile è far trovare i contrari nel testo, invece di far chiedere il contrario di una parola del testo. L'esempio quindi cambierebbe così: ■ Qual è il contrario di "realtà", alla riga 1? ● Sogno.

5 ▸ Cantare | Volare

Obiettivo ▸ cantare una canzone sulla musica.

Procedimento ▸ seguire le consegne dell'attività e le indicazioni dell'introduzione. Sul DVD è presente una versione Karaoke della canzone "Volare". Se in classe è presente un lettore DVD o un computer (e se gli studenti hanno ascoltato a sufficienza la canzone nelle attività precedenti) è preferibile far cantare gli studenti sulla base, con il testo che scorre a video.

6 ▸ Parlare | Io e la musica

Obiettivo ▸ sviluppare la capacità di produzione orale (descrivere il proprio rapporto con la musica nel corso del tempo, esprimere i propri gusti musicali).

Procedimento ▸ **6a/6b** ● seguire le consegne dell'attività e le indicazioni dell'introduzione.

7 ▸ Leggere | Domenico Modugno

Obiettivo ▸ sviluppare la capacità di lettura (biografia).

Procedimento ▸ seguire le consegne dell'attività e le indicazioni dell'introduzione.

Soluzione ▸ 3, 5, 2, 4, 1.

8 ▸ Analisi lessicale | Gli indefiniti

Obiettivo ▸ imparare la funzione di alcuni indefiniti.

Procedimento ▸ seguire le consegne dell'attività e le indicazioni dell'introduzione.

Soluzione ▸ 1. qualche; 2. qualcuno; *3. qualcosa;* 4. nessuno.

9 ▸ Analisi grammaticale | Il pronome relativo *cui*

Obiettivo ▸ imparare la forma e l'uso del pronome relativo *cui*.

Procedimento ▸ **9a/9b** • seguire le consegne dell'attività e le indicazioni dell'introduzione.

Soluzione ▸ **9a** • *È questa* la scintilla | *da cui* | *nasce* | *la canzone più conosciuta della musica italiana.* - *Il cantante stesso ricorda il momento* | *in cui* | *è nato* | *lo straordinario successo negli Stati Uniti.* **9b** • una preposizione semplice. **9c** • *Domenico Modugno è un uomo* a cui *la musica italiana deve molto.*

10 ▸ Gioco | Qualcuno di cui

Obiettivo ▸ praticare l'uso dei pronomi relativi (*che* e *cui*) e degli indefiniti.

Procedimento ▸ prima di entrare in classe fotocopiare i bigliettini di pagina 143, ritagliarli e inserirli in una busta o in un sacchetto. Quindi seguire le consegne dell'attività e le indicazioni dell'introduzione.

11 ▸ Esercizio | Mangiare

Obiettivo ▸ sviluppare la capacità di lettura.

Procedimento ▸ far svolgere il compito individualmente, poi far confrontare in coppia, prima di far riascoltare la canzone.

Conclusione ▸ alla fine, se gli studenti vogliono, possono cantare anche questa versione, utilizzando la base della traccia 34.

12 ▸ Scrivere | In poche parole

Obiettivo ▸ sviluppare la capacità di produzione scritta (scrivere il testo di una canzone su una musica prestabilita).

Procedimento ▸ seguire le consegne dell'attività e le indicazioni dell'introduzione.

imento ▸ alla fine, se gli studenti vogliono, possono scegliere una nuova versione e cantarla utilizzando la base della traccia 34.

---

unità 16 | a tempo dimusica

attività finale

Procedimento ▸ seguire la procedura descritta nell'introduzione.

Soluzione ▸ grammatica ▸

I verbi con preposizione *cominciare, continuare, finire,* ecc.

Gli indefiniti *qualche, **qualcuno**, qualcosa, nessuno*

Il pronome relativo *cui*

PAGINA DELLA FONETICA

La soluzione è nel DVD rom.

STORIA A FUMETTI

episodio sei

Riassunto ▸ Mauro ricorda la storia d'amore con Silvia, la vecchia amica, nato dopo il processo e la condanna di Chicco da parte di Mauro. Nel 1989 Mauro, ancora innamorato di Ada, lascia Silvia. Piano piano, anche grazie ai due figli ormai grandi, Mauro si riavvicina ad Ada, nel frattempo diventata pittrice. Ma il lavoro di Mauro, diventato un importante magistrato, rende tutto più difficile. Sono gli anni novanta, gli anni in cui la mafia dichiara guerra allo Stato e in cui scoppia lo scandalo politico di "tangentopoli".

Episodio 6 ▸ Mauro continua nel suo racconto, intrecciando gli eventi della sua vita con quelli della storia d'Italia e del mondo: la vittoria alle elezioni politiche di Silvio Berlusconi (1994), l'attentato alle due torri gemelle di New York (2001), la morte di Giovanni paolo II che coincide con l'anno della pensione di Mauro (2005), e infine un lungo e romantico viaggio in Sud America con Ada, durante il quale i due decidono di sposarsi. Si conclude così il lungo flashback in cui Mauro ha ricordato tutta la sua vita. Il racconto si trasferisce di nuovo alla festa di matrimonio. Mentre Mauro fa un brindisi, Silvia e Ada gli rivelano la sorpresa: è arrivato Chicco, il grande amico di Mauro, l'unico invitato che mancava alla festa. È così che i due amici, dopo anni di separazione dovuti alle vicende sentimentali e processuali, si abbracciano finalmente riconciliati.

La moglie | Cortometraggio

Le attività sul cortometraggio propongono un percorso di visione a tappe del film. L'obiettivo è guidare lo studente ad una visione il più possibile attiva e consapevole, sottraendolo alla passività intrinseca che sempre presuppone la condizione di spettatore. Si tratta pertanto di agire sulla crescita dell'aspettativa come generatrice di motivazione, senza anticipare risposte, soluzioni o contenuti che lo studente scoprirà gradualmente da solo, fino ad arrivare alla visione completa del film.

Le soluzioni delle attività sono sul DVD.